国際人権法と韓国の未来

朴 燦運
(パク チャンウン)

現代人文社

はしがき

　私が韓国と日本を行き来するなかで国際人権法を学ぶようになって、はや10年が過ぎようとしている。私のパスポートを何回も取り替えなければならなかったのも、日本の入国管理局からスタンプをあまりにもたくさん押してもらったからであろう。この間私は日本の弁護士に会い、学者および人権運動家にも会ってきた。彼らは皆、私にとっては先生であった。スポンジに水が染み込むように、彼らの話したこと、彼らの書いたことは私の頭の中に染み込んでいった。彼らからの刺激はとうとう私に国際人権法を学ぶために日本を越えアメリカやヨーロッパにまで出かけて行くようにさせ、そのおかげで私は今、国際的普遍性に基づいて人権を見るようになった。

　この10年間、韓国社会も大きく変わった。とくに人権分野は見違えるほど変貌した。そんななかで、国際人権法という分野は、ほんの10年前までは耳慣れない領域であったが、今では普通の人たちにも馴染みのある単語になった。韓国政府が国際人権規約に加入し、その履行のために国家人権機構（国家人権委員会）を設けるなど、制度的次元においてもより一層発展した。自由権規約の選択議定書に加入し、個人通報制度という新しい領域の人権保障策も利用できるようになった。これらすべての発展は、日本でも瞠目されているところである。

　個人的には、日本の専門家たちと10年以上交流をしているうちに、今度は韓国のことも話したいと思うようになった。残念に思うのは、韓国の専門家たちは日本の事情を比較的よく知っているのに、日本の専門家たちは相対的にそうでないということである。なによりも言葉の問題が大きいと思う。しかし、韓国ほど日本をよく理解できる国はなく、韓国の専門家くらい日本の関連分野をよく理解している海外の専門家はいないと思う。それくらい韓国と日本は特殊な関係にあるのである。このようなことを考慮するとき、韓日の共通の関心事について韓国でどのような論議をしているかを知ることができれば、日本の関係者たちにもたいへん有益な経験になるはずである。私があえて、粗末な文ではあるけれども日本の読者に読んでもらう機会を作ろうと思ったのは、まさにこのような理由からである。

　私は弁護士であって、専門的な研究者ではない。たとえ人の一生の使命は勉強

することであり、その成果を多くの人と分かち合うことであるとはいっても、実務家としての限界があるということを告白せざるをえない。このような限界のため、私の文は学問的な成果というよりは、実務的な感覚から問題提起した文である。

韓国には私よりはるかに優れた研究者が大勢いる。その研究者たちの文も一日も早く日本に紹介され、専門的な研究者の間で活発な討論が展開されることを期待している。私のこの本がそのような機会を作るための一つの出発点になるならば、私としては望外の喜びである。

本書の原稿は大部分韓国で筆者がすでに発表したものを、日本の読者のために少し手を加えたものである。弁護士として仕事をする傍ら研究している筆者の限界である。この本は主に国際人権法および国際法に関連した主題を取り扱っているが、それと直接関連のない文も一緒に載せた。筆者がこの10年にわたる日本の法律家との交流の経験から、日本の読者も関心を寄せてくれると思えるような原稿を選んでみた。司法改革に関連した文と、法律家たちに国際的視野を求めた文などがそれである。それから、エッセイスタイルの文もいくつか選んで入れてみた。それらは筆者の苦悩がこもっている文であるが、日本の読者がこれらの文を読んでどのような反応を見せるか、少し心配にもなる。本の全体を専門的な文で満たすことができなくて、残念な気もするが、それは次の機会を待つことにして、さしあたっては、筆者を通じてより一層韓国を理解する契機としていただきたい。

最後に、この本が出るまで筆者を励まし、難しいなかでも快くこの本の出版を引き受けてくださった現代人文社の成澤壽信社長に感謝の言葉を申し上げたい。また、同社編集部の西村吉世江さんと北井大輔さんには、日本の専門家の原稿よりはるかに手間のかかる私の原稿を編集するのにお骨折りいただいた。厚くお礼申し上げたい。そして、私の真の友であり学問上の先輩である阿部浩己・神奈川大学教授は、本書の原稿を読み国際人権法の専門用語を日本式に直すのを助けてくださった。心から感謝申し上げたい。本書の抄訳をしてもらった徐慧瑛（ソ ヘヨン）さんにも感謝したい。彼女の努力なしにはこの本はできなかったであろう。最後に、いつも私を応援してくれる妻と2人の娘に、日本語で出版される本書を一番初めにプレゼントしたい。

2004年7月

朴 燦運

目次

はしがき 2

国際人権と韓国の人権 9
1. 韓国が批准している国際人権条約 9
2. 人権条約機関による韓国における人権状況についての評価と勧告 11
   (1) 国家報告制度と人権条約機関の評価と勧告
   (2) 1999年までの自由権規約委員会からの指摘
3. 個人通報制度 16
   (1) 個人通報制度の意義とその手続
   (2) 個人通報に対する委員会の決定の法的効力
   (3) 2000年までの個人通報事件
   (4) 個人通報事件に対する韓国政府の態度
   (5) 個人通報制度の実効性を確保するための提言
4. 国内人権法と司法府の態度 21
5. NGOの国際人権活動 23
6. 国際人権条約の広報および教育 24
   (1) 1999年までの概観
   (2) 2000年の状況
7. 自由権規約委員会へのロビー活動の経験から 25
8. 資料：自由権規約委員会第67会期傍聴報告 28

「反人道的犯罪」——国際法的概念と国内への受容方法 36
1. はじめに——研究の契機 36
2. 研究の主題および範囲 38
3. 国際犯罪の概念およびその効果 39
   (1) 国際犯罪の概念
   (2) 国際犯罪の効果
4. 国際法における反人道的犯罪の概念の定立およびその形成過程 42
   (1) ニュルンベルク裁判、旧ユーゴ国際刑事法廷および国際刑事裁判所規程に至るまでの反人道的犯罪の概念
   (2) 反人道的犯罪の概念の多様性
5. 反人道的犯罪の範疇に入らない国家権力による反人権的行為 49
6. 韓国で発生した反人権的行為が「反人道的犯罪」を構成する可能性 51

7. 反人道的犯罪に対する国際法上の原則　53
   (1) 普遍的管轄権の原則
   (2) 時効不適用の原則
   (3) 不処罰禁止の原則
   (4) 罪刑法定主義の緩和
8. 反人道的犯罪の韓国における受容——その内容と方法　62
   (1) 反人道的犯罪および国際条約上の犯罪の韓国刑事法における構成要件化
   (2) 普遍的管轄権の問題
   (3) 公訴時効の問題
   (4) 不処罰の問題
   (5) 被害者に対する適切な救済
   (6) 立法論
   (7) 国際刑事裁判所規程の批准
9. おわりに　68

韓国の難民認定制度の問題点と改善の方向性　69

1. 諸外国の制度　69
   (1) 日本
   (2) アメリカ
   (3) ドイツ
   (4) スイス
   (5) オーストリア
   (6) イギリス
   (7) ニュージーランド
   (8) 諸外国の難民制度の分析
2. 韓国の難民認定手続の問題点　73
   (1) 矛盾を抱えるメカニズム
   (2) 難民認定協議会の専門性と法的地位の欠如
   (3) 難民政策立案のための専門部署の不在
   (4) 専門職員の能力・人数の不足
   (5) 有名無実の異議申請制度
   (6) 難民を受け入れるための環境の不整備
3. 難民認定制度の改善のための政策提案　76
   (1) 専門的で独立した難民認定機関の設立
   (2) 難民申請者および認定された者の生活保障の整備
   (3) UNHCRとの協力
   (4) 関連法令の整備
   (5) 「難民認定制度改善委員会」の設置
4. 難民申請者と認定された者の処遇に関する現行法令の積極的解釈　79
   (1) 在留資格
   (2) 社会的権利

実務的立場から見た国際人権法の直接適用　83
1. 自由権規約9条3項と韓国の令状実質審査制度　83
   (1) 概観
   (2) 想定されるケースと自由権規約の直接的適用
2. 国際人権法の直接適用のために解決すべき問題　86
   (1) 人権条約の自動執行力あるいは直接効力について
   (2) 国際人権法と国内法規範との関係

韓国人権の現地点——ニューミレニアムを迎えて急を要する課題は何か　89
1. はじめに　89
2. 思想、良心および表現の自由について　90
3. 身体の自由について　91
4. 身体拘束に関する手続について　93
5. 監獄における人権について　95
6. プライバシーの保護について　96
7. おわりに　97

アメリカの対テロ戦争——国際法の立場から見たいくつかの問題　98
1. はじめに　98
2. テロとは何か、テロに対する国際法的な対応は何か　100
   (1) テロリズムの概念
   (2) テロリズムに対する国際的な対応
3. 国際法から見たアメリカの対テロ戦争の問題点　103
4. アメリカの戦争とアメリカによる国際法無視の歴史　106
5. 9.11米テロ解決の正道　109
6. おわりに——憂慮すべき韓国政府の態度　110

イラク戦争は侵略戦争であり、イラク派兵は憲法違反である　112
1. 韓国の憲法規定　112
2. 国際法における武力行使禁止原則と例外　112
3. イラク戦争は侵略戦争なのか　114
   (1) 国連の集団安全保障体制の原則違反
   (2) 自衛権の行使として見ることのできない軍事行動
   (3) イラク戦争は侵略戦争である

韓国の司法、第一の課題は「法曹一元化」である　119
1. はじめに　119
2. 韓国の法官任官制度の概観　120

(1) 法官(判事)の資格
  (2) 大法官(最高裁判所判事)
  (3) 一般法官
  (4) 法官の任期
  (5) 法官の身分保障
  (6) 現況(2003年2月29日現在)
3. 法官人事と関連した韓国司法の現実　121
  (1) 死を呼ぶ司法研修院教育
  (2) 権威なき法院
  (3) 中途退官する法官たち——法院は大物弁護士の養成所
  (4) 前官礼遇の弊害
  (5) 成績順の人事
  (6) エリート主義の本山——権威主義と官僚主義の蔓延
4. 法官制度の改革——法曹一元化とその実現の条件　125
  (1) 国民参加の過程としての法曹一元化
  (2) 法曹一元化の概念
  (3) 法曹一元化に対する法曹内での反応
  (4) 法曹一元化のための前提条件
5. 法曹一元化の具体的な方法論　131
  (1) 第1段階——法院の人事制度の改革
  (2) 第2段階——5カ年計画の下での法曹一元化政策の遂行
  (3) 並行推進——司法研修院教育の変化
  (4) 並行推進の課題——非常勤判事制度の導入の是非
6. 検察での法曹一元化　134

韓国の司法改革は今　136

1. 韓国のこの10年　136
  (1) 1993年——司法制度発展委員会
  (2) 1995年——世界化推進委員会
  (3) 1999年——司法制度改革推進委員会
2. 韓国の司法制度の問題　138
  (1) 法曹養成問題
  (2) 人権問題
3. 検察改革　140
4. 法曹一元化　141
5. 会場からの質疑を受けて　142
  (1) 韓国でのロー・スクール論議の背景事情について
  (2) 韓国での司法改革論議の背景事情について
  (3) 法曹人口の増加による社会への影響について
  (4) 弁護士人口の増加と法律需要について
  (5) 弁護士の就職先の多様化について
  (6) 弁護士費用、報酬規定、敗訴者負担について

(7)　弁護士の所得について

弁護士の自由と統制、その衝突の解決方法　146
1.　弁護士たちの新しい活路の模索、その身もだえの現場　146
2.　弁護士を取り囲むその統制の現状　148
3.　弁護士ビジネスを統制するその規制の根拠　149
4.　司法の本質を通して見た弁護士業務の制限　152
5.　変化する環境——プロフェッショナリズムと法サービス論の混沌の時代　153
6.　プロフェッショナルの核心を大切に保持し、変化を受け入れなければならない　154

私の家族史　156
1.　現代韓国に根強く残る「アカ」論争　156
2.　私の父母とその家族の経験　157
3.　私の妻の実家の経験　158
4.　作家・李文求に学ぶ　159
5.　これからの世代のために　160

「NO」と言える韓国人　161

国際人権法受講生に送る喝采　164

国際法教育の効果的な方法を考える　167
1.　韓国の国際法教育の現状　167
2.　国際法の効用性および国際法を知るべき理由　168
3.　国際法教育のあり方　169
　　(1)　国際法と国内法の相互関係を理解させる
　　(2)　国際法の実践的機能を学ばせる
　　(3)　国際社会で実践できる力を身につけさせる
　　(4)　国際的な教育機関で学ぶ機会の創設
4.　韓国の法律家の国際機関への進出　172
5.　政府の対外政策における国際法専門家の関与　173
6.　おわりに　174

国際人権と韓国の人権[1]

1. 韓国が批准している国際人権条約

人権に関する国際条約はかなり多い。その中で国連が中心となって国連のシステム内で運営される代表的な人権条約は現在6つあり、韓国はそのすべてに加入している。簡単に説明すれば次のようになる。

1) 市民的及び政治的権利に関する国際規約（International Covenant on Civil and Political Rights）、第1選択議定書（Optional Protocol to the ICCPR）

最も代表的な人権条約で、自由権規約とも呼ばれる[2]。1966年12月16日に国連総会で採択され、1976年3月23日に発効した。2001年1月現在146カ国が批准しており、韓国は1990年4月10日に批准した。ただし、4つの条文（14条5項、14条7項、22条および23条4項）については留保の立場をとった。そのうち23条4項は1991年3月15日に、14条7項は1993年1月21日にそれぞれ留保を撤回したため、現在、残りの2つについてのみ留保中である。その理由は、14条5項については刑事事件における上訴権の保障が、韓国憲法に定められた非常戒厳下における単審制[3]に関する条項と抵触するおそれがあったためとみられ、22条については労働組合などの集会、結社の自由の保障が、複数労組や当時の全国教職員労働組合（全教組）などを禁止する労働関係法に抵触するおそれがあったためと

---

1) 筆者は、大韓弁護士協会（大韓民協）が毎年発行する人権報告書の2001年度の国際人権分野の報告者であり、本稿は、韓国の国際人権関連情報を提供するために作成した報告書をもとにしている。なお、本稿の執筆は2000年末であることをお断りしておく。
2) B規約とも呼ばれるが、これは日本の学者が作った用語で、国際的に通用する言葉ではない。翻訳をする場合は言語をそのまま訳した「市民的及び政治的権利に関する国際規約」とし、略語を使うときは規約の内容を象徴する「自由権規約」と呼ぶのが妥当であると思う。
3) 非常戒厳下では一定の刑事事件で三審制が保障されず、単審で刑事処罰される（憲法110条4項）。

みられる。韓国政府は、自由権規約を批准すると同時に第1選択議定書も批准したため、同議定書による個人通報制度が利用できるようになった。

2) 経済的、社会的及び文化的権利に関する国際規約 (International Covenant on Economic, Social and Cultural Rights)

　自由権規約とともに人権条約の柱になる条約で、社会権規約とも呼ばれる[4]。1966年12月16日に国連総会で採択され、1976年1月3日に発効した。2001年1月現在142カ国が批准しており、韓国は自由権規約とともに1990年4月10日に批准した。

3) 人種差別撤廃条約 (International Convention on the Elimination of All Forms of Racial Discrimination)

　1965年12月21日に国連総会で採択され、1969年1月4日に発効した。2001年1月現在156カ国が批准しており、韓国は1978年12月5日に批准した。そして1997年3月、この条約に規定されている権利を韓国が侵害した場合、被害者が同条約の委員会に個人通報できる規定（条約14条）を受諾した。

4) 女性差別撤廃条約 (Convention on the Elimination of All Forms of Discrimination against Women)

　1979年12月18日に国連総会で採択され、1981年9月3日に発効した。2001年1月現在165カ国が批准しており、韓国は1984年12月27日に批准した。その際、韓国政府は、この条約を検討した後に、9条と16条1(c)(d)(f)(g)については留保した。9条は結婚後の女性の国籍に関するもので、16条の1(c)は婚姻中および婚姻の解消の際の同一の権利および責任、(d)は子に関する事項についての親（婚姻をしているかいないかを問わない）としての同一の権利および責任、(f)は子の後見および養子縁組または国内法令にこれらに類する制度が存在する場合にはその制度に係る同一の権利および責任、そして(g)は姓および職業を選択する権利を含む夫および妻の同一の権利に関する規定である。ただし韓国政府は、1991年3

---

[4] 日本では自由権規約と同様にこの条約をA規約と呼ぶ。しかし、これも国際的に通用する言葉ではない。この条約を完全に翻訳すれば「経済的、社会的及び文化的権利に関する国際規約」となり、略称は、その内容に従って「社会権規約」としたほうが正しいと思う。

月、16条1(c)(d)(f)について留保を撤回し、その後9条についても留保を撤回した。

5) 拷問等禁止条約(Convention Against Torture and Other Cruel, Inhuman or Degrading Treatment or Punishment)

　1984年12月10日に国連総会で採択され、1987年6月26日に発効した。2001年1月現在122カ国が批准しており、韓国は1995年1月9日に批准した。

6) 子どもの権利条約(Convention on the Rights of the Child)

　1989年11月20日に国連総会で採択され、1990年9月2日に発効した。2001年1月現在190カ国が批准しており、韓国は1991年11月20日に批准した。しかし、韓国政府は9条3項、21条1項および40条2項(b)(v)については留保した。9条3項は「締約国は、児童の最善の利益に反する場合を除くほか、父母の一方又は双方から分離されている児童が定期的に父母のいずれとも人的な関係及び直接の接触を維持する権利を尊重する」と規定しており、21条は子どもの養子縁組についての条項であり、40条2項(b)(v)は「刑法を犯したと認められた場合には、その認定及びその結果科せられた措置について、法律に基づき、上級の、権限のある、独立の、かつ、公平な当局又は司法機関によって再審理されること」というものである。

2. 人権条約機関による韓国における人権状況についての評価と勧告

(1) 国家報告制度と人権条約機関の評価と勧告

　人権条約機関に国家が自国の人権状況と政府の人権実施措置を定期的に報告することは、今では国際人権法上かなり常識的な制度となった。自由権規約の場合、締約国は、規約上の権利実現のために自国がとった措置と、これに関する進歩状況、そして規約の実施に影響を及ぼす要因および困難を、自由権規約委員会に定期的に報告しなければならない(自由権規約40条)5)。このような報告の義務は、

---

5) 国家の報告の義務について全般的なことが知りたいなら、朴燦運『국제인권법(国際人権法)』(도서출판 한울〔図書出版ハンウル〕、1999年)96頁以下や鄭印燮(ジョン・インソプ)『국제인권규약과개인통보제도(国際人権規約と個人通報制度)』(사람생각〔サラムセンガク〕、2000年)17頁以下参照。

自由権規約のみならず、上に列挙した6つの人権条約すべてに共通するメカニズムである。この制度は、人権条約が採用している最も一般的で最小限の履行メカニズムである。自由権規約では、締約国が批准してから1年以内に最初の報告書を、その後は委員会が要請した場合に報告書を提出することになっているが、現在、委員会は最初の報告書を提出した後、5年ごとに報告書を提出するよう求めている。

　報告書の審査は、公開で行われる。この過程で、国際的NGOや国内の人権団体は委員会の委員たちに、政府報告書の内容とは相反する情報が伝達し、委員会が当該政府に強い批判をするよう要求することになる6)。委員会は、報告書の審査が終われば国家別に検討した結果を公表する。その内容は、締約国の積極的側面、規約の実施に影響を及ぼす要因および困難、主要な懸念事項、提案および勧告で構成される。この審査結果は、たとえ国際法上の法的拘束力がないと評価されても、単に勧告的効力しかないと考えられているわけではない。委員会で特定の国の制度や現実が強く批判され、その是正が要求された場合、締約国は国内的・国際的に大きな批判と圧力を受けないわけにはいかない。国内外の人権団体は、委員会の見解をひとつの根拠として締約国に圧力をかけることもできるのである。

(2)　1999年までの自由権規約委員会からの指摘

　上述したように、6つの人権条約はすべて監視機関としてそれぞれの委員会を持っていて、締約国から定期的に政府報告書を受け取り、これを審査している。韓国政府も、批准したこれらの国際人権条約に基づき、今までに政府報告書を提出して審査を受けたことがある。以下では、これらのうち、自由権規約委員会から、韓国政府報告書の審査後に、韓国の人権問題についてどんな指摘がなされたかを紹介する。

　自由権規約委員会は1992年7月と1999年10月、2度にわたって韓国政府報告書の審査を行った7)。直近のものである1999年第2回報告審査で委員会が出した

---

6) この過程でNGOはカウンター・レポートを提出し、委員を相手にロビー活動を展開する。自由権規約の場合、大韓弁協も民主社会のための弁護士会（民弁）などとともに、最初の政府報告書が審査された1992年にロビー活動を展開した。第2回審査があった1999年にも、弁協は民弁とともにロビー活動を展開した。これについては、金善洙（キム・ソンス）「国際連合（自由権）委員会の韓国政府第2回報告書審査参観報告書」人権と正義1999年12月（大韓弁協）131頁以下参照。

総括所見の重要部分だけを翻訳したのが次のものである8)。

・**主要な懸念事項および勧告**
7．韓国の憲法が規約上保障されている権利をすべて列挙しておらず、権利を制限する範囲や基準について明示していないため、国内法における規約上の権利の位置づけが依然不明確である。委員会は、締約国（訳注：韓国のこと。以下、同じ）により新たに批准される国際的な条約は国内法と同様の効力を有すると定めている憲法6条が、規約に加入した後制定された法律は規約が定める権利よりも上位の地位にあるということを示唆しているように解釈されていることを懸念する。
8．委員会は、国家保安法が引き続き存在し適用されていることについて、第1回審査の後に示した深刻な懸念を再度表明する。締約国によると、国家保安法は朝鮮半島の分断に関する法的問題を取り扱う際に適用される。しかしながら委員会は、拘束、尋問、実質責任に関して、規約9条、18条、19条等のさまざまな条文と相容れない特別な規則を設定するためにも同法は用いられることを懸念している。委員会は、第1回の政府報告書の審査の後に提示した、締約国は国家保安法を段階的に廃止すべきであるという勧告を再度繰り返す。
9．委員会は、国家保安法7条に定められている「反国家団体」を助長しているとみなされる可能性のある活動の範囲が、不合理に広いと考える。委員会にもたらされた選択議定書に基づく個人通報の事例や、同法7条に基づく起訴についてのその他の情報によれば、表現の自由に関する制約は、規約19条3項に定める国の安全の保護に必要であるとの要件を満たしていないことは明白である。規約は、敵側と一致するもしくは敵側への共感を生むおそれがあると考えられるという理由だけで、思想の表現を制限することを認めていない。また委員会は、訴追方針に関する内部通達が、規約に適合しないかたちで同法7条が使われることを防ぐような適切な措置を提供していないことを強調する。締約国は、7条を規約に適合するように至急に改正すべきである。

---

7) これらの検討結果は次の国連資料から見られる。UN Doc. CCPR/C/79/Add.6（第1回韓国政府報告審査最終所見）、CCPR/C/79/Add.114（第2回韓国政府報告審査最終所見）。
8) これらの勧告事項は自由権規約委員会が韓国政府報告書を審査して出したもの（これをConcluding Observationsという）で、それぞれの数字は該当文書に表示された項目番号（para.）である。

10. 委員会は、女性への差別的な態度を助長し、補強するような法律や習慣について深刻に懸念する。とりわけ戸主制度は、女性の役割を従属的なものとする家父長制社会を反映し、また助長もしている。胎児の性別を確認する行為、第2子、第3子のなかで男子が占める不均衡な割合、多くの危険な中絶による妊婦の高い死亡率は、非常に気がかりである。規約3条、26条に基づく、規約に定めるすべての権利の享有に関する男女の同等の権利と法律の平等な保護の保障についての義務不履行は、社会に支配的な傾向があることによって正当化されうるものではないことを、委員会は強調する。

11. 家庭内暴力を防止し、罰するための立法が新たに締約国によってなされたことを歓迎する一方で、委員会はそのような暴力が非常に頻繁に行われており、法律も実務もともに未だ不十分であることを懸念している。とりわけ、委員会はレイプの立証に、女性が抵抗した証拠を要すること、レイプ被害者との婚姻が被告人の防御となること、夫婦間のレイプが犯罪行為であると見なされないようであることを懸念する。家庭内暴力を防止し罰するための新法は、被害者女性の保護を弱めるような現行の法規則を廃止することによって強化されるべきである。

12. 委員会は、被雇用者の女性へ対する差別が広範に存在すること、小規模企業における女性被雇用者の多くが適切な保護を受けられていないこと、男女間の給料格差について懸念する。規約の3条、26条の履行を確保するために、締約国は、1999年1月に施行された男女差別禁止および救済に関する法律の効果的な実施を促進し、女性の雇用条件と機会の平等を保障するための積極的な措置を講ずるべきである。

13. 被疑者の拘禁について、被拘禁者が申し立てた場合にのみ司法審査に服するという刑事手続法の規定は、規約9条3項の、刑事上の罪に問われて抑留された者は裁判官または司法権を行使することが法律によって認められている他の官憲の面前に速やかに連れて行かれるべきであるという規定と合致していない。未決拘禁が許される期間の過剰な長さ(通常の場合は30日で、国家保安法に関わる場合には50日)や、そのような拘禁に対する明確な根拠の欠如もまた、締約国の規約9条の遵守について疑問を提起するものである。締約国は、規約9条に適合するよう、被拘禁者のあらゆる権利が尊重されるよう法を改正しなくてはならない。

14. 委員会は、検察が毎月、拘禁施設の状況を査察する手続に留意する。しかし、同手続や他のメカニズムは、拷問および非人道的または品位を傷つける取扱いを

防止するのに十分ではない。拷問および非人道的または品位を傷つける取扱いについての申立で、官憲に対する措置に結びついたものがきわめて少ないことは、現存の調査手続の信頼性に対して疑問を投げかけるものである。委員会は、締約国が９条の要請を遵守していないこと、検察当局と裁判所による被疑者と共犯者の自白への広範な信頼があることが、取調官による拷問および非人道的または品位を傷つける取扱いを行うことにつながっていると見受けられることを懸念する。拷問の疑いについて調査をする独立した機関の設立、と第15項に述べられている刑事手続の改正は遅れてはならない。

15. 委員会は、「思想転向誓約」の廃止を歓迎する一方、それが「遵法誓約」にとって代わられていることを懸念する。委員会に与えられた情報からは、どのような囚人がそのような誓約に署名することを求められるのか、また、その結果と法的効果はどのようなものであるのか、明らかではない。委員会は、差別的理由によって、とくに国家保安法によって有罪とされた者に誓約が求められ、その結果、人々に、規約と相容れない法に従うことを誓約するよう要求していることを懸念する。一部の囚人に釈放の条件として課される「遵法誓約」は廃止されるべきである。

16. 委員会は、報告書および報告書の検討時の政府代表による回答における情報の不足のため、司法の独立の程度を適切に評価することができないことを遺憾に思う。司法の独立について深刻な問題を生じる裁判官の再任制度について、とくに憂慮する。締約国は、裁判官任命の制度および実務の詳細を提示しなければならない。

17. 通信傍受の頻繁な利用は、締約国による規約17条の遵守に深刻な疑問を抱かせる。委員会はまた、データベースの不正確な情報やその誤用・乱用を正す適当な策がないことにつき懸念する。

18. 首都の主要道路におけるすべての集会を禁止することは過度に広汎な規制であると思われる。公の利益のため主要道路での集会に対するいくつかの制限は許容されるが、規約21条は、すべてのそのような制限は法律で定められ、民主的社会において必要なものであることを求めている。締約国による、主要道路における集会の権利に対する絶対的な制限は、これらの基準を満たさない。

19. 委員会は、教師が労組を、公務員が職場で結社を組むことを許容する法改正に留意する。しかし委員会は、教師および他の公務員の結社の自由の権利に対して残る制限が、規約22条２項の要件を満たさないものと懸念する。締約国は、韓

国におけるすべての人が規約22条に基づく権利を享受することを確保するため、公務員の結社の権利に関する法制化の計画を継続しなければならない。

20. 委員会は、締約国が23条4項および14条7項に付した留保を撤回したことを歓迎する。残る14条5項および22条についての留保も、最終的には撤回を視野に入れて検討することを強く勧告する。

21. 選択議定書に基づき提出された通報に関する委員会見解に関連して、委員会は、委員会が見解を示した通報の発信者に、さらなる上訴や賠償請求により国内裁判所を通じた解決を締約国が求めることは不適切であると結論する。締約国は、そのようなケースをすでに判決を申し渡した国内裁判所に返すよりも、委員会の見解に早急に効力を与えるべきである。

22. 委員会は、締約国に同国公務員に対する人権教育の提供に継続して尽力することを求める。委員会は、公務員のみならずソーシャルワーカーや医療関係者等を含む、人権に関連する職業に従事するすべての者に対し、そのような教育を義務とすることを考慮するよう、締約国に勧告する。

23. 委員会は締約国に、2003年10月31日までに3度目の定期報告を提出することを要求する。報告書は委員会で採択された改定ガイドライン（CCPR/C/66/GUI）に従って用意され、とくにこの最終所見に挙げられた事項に注意を払わなければならない。委員会はこの最終所見と次の定期報告が韓国において広く普及されることを要求する。

3. 個人通報制度

(1) 個人通報制度の意義とその手続

　この制度は、人権侵害を受けた個人が通報（communication）をして該当人権条約の委員会がこれを審査し、準司法的決定を下すものである。この制度は現在、自由権規約、人種差別撤廃条約、拷問等禁止条約などで定められている。国際人権条約の実施をより実効的にするための国際的な実施メカニズムである。人権侵害を受けた者がこれを利用するためには、締約国がこの制度について受諾宣言するか、あるいはそれだけのために作られた選択議定書（自由権規約の場合、第1選択議定書がそれにあたる）を別途批准しなければならない。韓国政府は、自由権規約を批准すると同時に第1選択議定書も批准し、人種差別撤廃条約について

は1997年３月15日に個人通報制度を規定している同条約14条について受諾宣言を行った。しかし、拷問等禁止条約は21条でこの制度を規定しているが、韓国政府はこれを受諾していない。

　この制度を利用するためには、被害者が国内の救済手続をすべて尽くしたうえで、委員会に通報しなければならない。これを受理した委員会は、関係国にその写しを送り、その国はその問題を明確にする説明書または声明書を委員会に提出しなければならない。委員会は、通報者と関係国から入手したすべての資料に基づき事件を審査するが、同じ事件がすでに他の国際機関によって審査中であるか、あるいはすでに解決されている場合は、審査には入らない。事件の審査は非公開で行われ、終了すれば通報者と関係国に委員会の見解（view）が送付される[9]。

(2)　個人通報に対する委員会の決定の法的効力

　自由権規約の場合、個人通報事件についての委員会の判断は最終的に委員会の見解という形で公表される。これは国際法的には法的拘束力があるものとして受け入れられていない。実際に多くの国々が、この委員会の見解を無視し続けてきた。その結果、委員会の見解が関係国に送付された後の委員会の権限について多くの討論が展開され、1982年から委員会は関係国に対し、委員会の見解によってどのような措置をとったかを報告するよう要請した。

　その後1990年からは、委員会の見解の遵守を監督するために、関係国は委員会に180日以内に委員会が指摘した事項に対して行った措置を通知することになった。1991年から委員会の年次報告書は、委員会の通知要請を黙殺した国と被害者に救済措置を提供しなかった国のリストを公表している。もちろん、委員会によく協力する国のリストも公表する。それとともに、委員会の見解を関係国がどう履行したかを確認するため、見解のフォローアップのための特別報告者（Special Rapporteur for the Follow-Up of Views）を任命している[10]。

　常識的に考えてみても、個人通報制度において委員会が最終的に決定する見解を単に国際法上の法的拘束力がないものとして済ませることはできない。この制度は、国内の司法手続によって人権侵害が救済されない場合に最終的に国際社会が

---

[9] 個人通報制度の詳細な手続については朴・前掲注5) 書107頁以下参照。
[10] これに関しては朴・前掲注5) 書116～117頁参照。

関与し、その是非を問う手続である。そしてそれは、専門家たちによる準司法的な手続で進行される。だとすれば、その結果として出てくる見解は、国際法上、少なくとも当該国が人権侵害をしたかを判断するための最も権威のある判断だといえる。そしてこの制度は、人権条約締約国がとくにその制度の必要性を感じて批准したか、受諾したものである。したがって、この見解を締約国が無視することは国際法上、許されないことである。

(3) 2000年までの個人通報事件

2000年末までに韓国に関して、自由権規約による個人通報に基づき委員会が見解を明らかにしたのは4件、そのうち3件で規約違反という結論が下された。次にその内容を簡単に紹介する[11]。

1) ソン・ジョンギュ(손종규) 事件

この事件は過去、労働争議の過程で大きな問題となった労働争議調整法の第三者介入禁止条項に関連したものである。1991年2月8日、巨済島に位置する大宇造船で争議が発生すると、翌日、大企業連帯会議は争議を支持する声明を採択した。この声明書はファックスで大宇造船労組に送られ、そこで大量にコピーされて配布された。連帯会議の集会に参加した株式会社グンホの労組委員長ソン・ジョンギュは、他の組合員とともに逮捕され、旧労働争議調整法13条の2「労働争議に対する第三者介入禁止条項」違反の容疑などで拘束、起訴された。ソンは一審判決で懲役1年6カ月、執行猶予3年を宣告され、1992年4月14日、大法院(最高裁判所)で上告棄却され確定した。1992年7月7日、ソンは自己の事件を自由権規約委員会へ通報した[12]。

委員会はこの事件を審査し、1995年に見解を公表した。委員会は、ソンが規約19条2項に規定された権利(表現の自由)を侵害されたと結論した。したがって韓国政府は、ソンに賠償など適切な救済措置を提供し、第三者介入禁止規定を見直して、今後この事件と類似する人権侵害が起こらないよう保障し、委員会の見解を履行するためにとった措置を90日以内に委員会に通知するよう要請された。

---

11) これらの事件に対する詳細な内容は鄭・前掲注5) 書157頁以下参照。
12) Communication No. 518/1992, UN Doc. CCPR/c/54/D/518/1992(1995).

2) 朴泰勲事件13)

　この事件は、自由権規約委員会が審査した韓国に関する2件目の個人通報事件である。朴泰勲は1983年から1989年までのアメリカ留学期間中に、在米韓国青年連合（以下、韓青連）シカゴ支部に加入して活動した。韓青連がニューヨークで1988年8月12日から2泊3日で主催した「8.15南北青年学生会談の成功および祖国の平和と統一のための海外同胞大会」に参加した。大会では「駐韓米軍を撤収しろ、核兵器を撤去しろ、アメリカは内政干渉を中止しろ」と叫びながら国連本部前でデモをしたり、韓青連設立者である、ユン・ハンボンの「統一運動の現況と展望」という題名の講演を聴いたりした。

　韓国政府は、この団体が北朝鮮の活動に同調する利敵団体であると判断し、朴が帰国するとすぐに逮捕した。そして彼が韓青連に加入したことは国家保安法7条3項（利敵団体加入禁止）に違反し、米国内でのデモに参加したことは同法7条1項（利敵団体同調禁止）に違反するという容疑で起訴した。朴は1989年12月22日、一審判決で懲役1年執行猶予および資格停止14) 1年を宣告された。その後彼が軍に入隊したため事件は軍事法院に移送され、1993年5月11日に高等軍事法院は控訴棄却、1993年12月14日に大法院も上告棄却の判決を出した。朴は1994年8月11日、自由権規約の個人通報制度に基づき、委員会にこの事件を通報した15)。

　委員会はこの事件を審査し、1998年に見解を公表した。委員会はまず、表現の自由は民主社会では根本的に重要なので、その制限の許容性については厳格な審査を受けなければならないと述べた。そして韓国政府は通報者の行為が具体的にどんな危険を招いたかを立証できなかったし、規約19条3項の制限事由に該当する理由も提示できなかったとした。したがって、通報者に対する有罪判決は規約19条が保障する通報者の表現の自由を侵害したとした。そのうえで委員会は、韓国政府が朴に適切な賠償と効果的な救済措置を提供すること、およびこの結果を

---

13) この件に関する詳細な紹介と論評は趙庸煥（ジョ・ヨンファン）「国際法からみた第三者介入禁止規定の効力」民主社会のための弁論5号（民弁、1995年）161頁以下参照。
14) 韓国刑法41条による刑の一種。この刑は、死刑、無期懲役または無期禁錮、有期懲役、禁錮と別に宣告することができる。ここでいう資格とは、①公務員になる資格、②公法上の選挙権・被選挙権、③法律で要件を定める公法上の業務に関する資格、④法人の理事・監事または支配人その他法人の業務に関する監査役または財産管理人になる資格、である。
15) Communication No. 628/1995, UN Doc. CCPR/C/64/D/628/1995(1998).

90日以内に委員会に報告することを要請した。

3) 金勤泰事件

　金勤泰は、1989年1月21日に結成された全国民族民主運動連合（以下、全民連）の創立会員および政策企画室長、執行委員長などの職責にあった。全民連創立総会をはじめとする各種集会とデモを行ったため、国家保安法7条1項、5項の集会デモに関する条項、暴力行為処罰に関する法律などに違反した容疑で起訴された。金は、1990年9月11日の一審判決で懲役2年および資格停止1年を宣告され、1991年1月11日の二審判決では懲役2年および資格停止1年を宣告された。この判決は1991年4月26日に大法院の上告棄却で確定した。これに対し金は、1993年9月27日、自由権規約委員会にこの事件が自由権規約に違反すると通報した[16]。

　委員会はこの事件を審査し、金を国家保安法違反で刑事処罰したのは規約が保障している表現の自由を侵害していると結論し、通報者に効果的な救済措置をとり、その結果を他の事件と同様に90日以内に通知することを要請した。

(4) 個人通報事件に対する韓国政府の態度

　上述のように、これまでの3件の個人通報事件で自由権規約委員会は、韓国政府が規約に違反し、被害者たちに適切な救済措置をとることを勧告する見解を示した。しかし、この見解に対して韓国政府が2000年末までにとった態度はかなり失望的なものであった。

　まずソン・ジョンギュ事件で、政府は委員会の見解が示された1995年以後、ソンに対して何の救済措置もとらなかった。これに対しソンは、委員会の見解を根拠とすれば、自分は正当な活動をしたのにもかかわらず不当な刑事罰を受けたことになるとして、国家を相手に損害賠償請求訴訟を提起した。しかしこの訴訟でソンは、一、二、三審ともすべて敗訴してしまった[17]。裁判所は最初から最後まで、旧労働争議調整法の第三者介入禁止規定は公の秩序のために必要な範囲内で表現の自由を制限するだけであり、委員会の見解のように規約が保障している表現の

---

[16] Communication No. 574/1994, UN Doc.CCPR/C/64/D/574/1994(1998).
[17] ソウル地方法院1996・6・7宣告95カ段185632判決、ソウル地方法院1996・11・15宣告96ナ27512判決、大法院1996・3・26宣告96ダ55877判決。

自由を侵害するものではないとした。

次に朴泰勲事件と金勤泰事件でも、2000年末現在、韓国政府は委員会が勧告した適切な賠償と効果的な救済措置について何の措置もとっていない。

(5) 個人通報制度の実効性を確保するための提言

韓国政府のこれまでの態度を見ると、個人通報事件に関する委員会の見解を、国際法上の法的拘束力がないただの勧告的見解として受け取っているように見える。しかし、このような態度は、政府が果たして何のために選択議定書を批准したのか、疑問を生じさせる。個人通報は国内の救済手続をすべて終えたか、その可能性がない場合に国際人権機関に提訴する国際救済手続である。したがって、このような制度を国内手続で無視するなら、政府がこの制度を受け入れたこと自体がはじめから国際的な欺瞞となる。法的拘束力がないとの結論しか下すことができないとすれば、政府はもともと個人通報制度を受け入れるべきではなかったのである[18]。

では、このような状況を根本的に防ぐにはどうすればいいのか。それは、委員会によって権利侵害の判定が出された場合に、これを国内手続で受け入れることができるように立法を行うことである。すなわち、ソン・ジョンギュのような事件で彼が救済されるのは、刑事法上は再審手続で無罪宣告されることであり、民事法上は損害賠償を国家から受けることである。ソンが委員会から権利侵害の判定を受けたとしても、それだけですぐ救済されるわけではなく、このような国内救済手続を通してのみ救済は可能なのである。ところが、委員会の権利侵害の判定は、国内法上の再審事由にも、国家賠償法上の賠償事由にもならない。このような状況では、国内法的救済は不可能である。個人通報制度の結果が国内で実現されるためには、刑事法上の再審制度や国家賠償制度などの変更が急務である。

4. 国内人権法と司法府の態度[19]

韓国は過去10年間、多くの国際人権条約を批准したが、それらが韓国の司法府に及ぼした影響はごくわずかである。一般的に韓国の学会では、国際人権条約

---

18) 鄭・前掲注5) 書176頁。
19) 1999年までの司法府の態度については、鄭・前掲注5) 書169頁以下を参照。

が国内の裁判規範として直ちに適用できるという点には異論がない。すなわち、韓国憲法6条1項によって一般的に承認された国際法規は、国内法と同じ効力を持つため、人権条約は原則的に別途の国内立法がなくても裁判規範として直接に適用できる[20]。しかし、韓国の司法府には、このような可能性があるにもかかわらず、人権条約を直接適用して権利侵害を認定した例がほとんどない。端的にいえば、このような問題を真剣に考えたり、分析してみようとする意思がなかったといえる。1999年までに韓国の司法府で国際人権条約が取り上げられた事件を列挙しながら、このような状況を点検してみよう。

1) 東亜日報謝罪広告事件

　1991年、憲法裁判所は、謝罪広告命令の合憲性を判断する過程で自由権規約18条2項（信念、宗教の自由）に言及した。しかし、謝罪広告命令がこの規定に違反したと判断することはなく、違憲審査の補充的資料程度にしか使用されなかった[21]。

2) 朴泰勲事件

　上述のこの事件で、朴は自分に対する処罰が自由権規約に違背することを主張した。しかし、大法院は何の分析もせず、国家保安法で処罰することが国際人権条約に違背するとか公平さを欠き矛盾した法適用であるとはいえないとだけ説明した[22]。

3) 安鶴燮事件

　旧国防警備法によって有罪判決を受けた者に対して現行の保安観察法によって保安観察処分がとられたのは、憲法上の基本権を侵害し、自由権規約違反であるという原告の主張に対して、大法院はとくに説明もなしに、自由権条約18条1項（思想、良心および宗教の自由に対する権利）、および19条1項（意見を持つ権利）

---

[20] しかし、理論的に人権条約が国内で直接適用できるということと、現実的に裁判規範になることは別の問題である。前者はひとつの憲法政策で、後者は直接適用が可能な憲法体制の下で人権条約が自動執行力（self-executing）があるときに可能なことである。これについては朴・前掲注5)書33頁参照。
[21] 憲法裁判所1991・4・1宣告89憲マ160。
[22] 大法院1993・12・24宣告93ド1771事件。

に反しないとした23)。

4) 文化放送労組ストライキ事件
　文化放送労組幹部たちがストライキ中に労務提供を拒否した行為などに対して旧刑法314条の威力業務妨害罪を適用したことは、自由権規約8条3項(強制労働禁止)に違反するという主張に対して、憲法裁判所は何の説明もなしに規約違反の余地がないとした。

5) 韓総連事件
　1999年、大田地方裁判所は、韓総連の活動をしたある学生が国家保安法で起訴された事件で、金勤泰と朴泰勲を国家保安法違反としたことが自由権規約委員会で自由権規約違反とされた例を指摘し、「……大韓民国は、具体的な上の事件に対して人権委員会の決定による措置をとる国際法上の義務を負担するのはもちろん、……したがって人権委員会の決定がある以上、今後国家保安法を解釈、適用するにあたって……人権委員会の決定および解釈基準を深く考慮して、反国家活動性および利敵目的性を判断すべきである」と述べたうえで、国家保安法違反部分に対して無罪を宣告した。これは、それまでの司法府の態度とは明らかに違うもので、かなり異例の判決であった。しかし残念ながらこの判決は控訴審で破棄された24)。

5.　NGOの国際人権活動25)

　1990年に自由権規約と社会権規約を批准したことは、韓国国内の民間人権活動の刺激剤となり、韓国の人権団体が国際人権活動をするきっかけを作った。こういった活動の中心は、人権条約機関が各国の政府報告書を審査する過程でのロビー活動とカウンター・レポートの提出である。人権団体はこういう活動を通じて、

---

23) 大法院1999・1・26宣告98ド16620事件。
24) 大田高等法院1999・11・19宣告99ノ229事件。
25) 1990年代の人権団体の国際人権活動については、趙庸變「人権・民主主義国家：国際人権基準からみた韓国の状況と課題」(ソウル大学民主化のための教授協議会が主催した「世界人権宣言50周年記念学術シンポジウム——韓国の人権」〔1998年11月19日〕発表論文) in http://humanrights.or.kr/HRLibrary/HRLibrary2-ywcho2.htm

国際社会に私たちの人権状況をより正確に伝え、私たちの人権の現実が国際社会の客観的評価を受けることを願い、人権条約機関が私たちの人権を改善するために韓国政府に強力に促してくれることを望んでいる。

　自由権規約について、1992年3月に第1回韓国政府報告書が審査された際、民主社会のための弁護士会（民弁）と韓国キリスト教協議会の人権委員会が合同でカウンター・レポートを提出した。このカウンター・レポートは、韓国の人権団体が国際社会で政府報告書に論理的に反駁した最初の報告書であり、韓国の人権運動が国際社会に登場するきっかけとなった[26]。この後、国際人権条約に基づく政府報告書の提出がある度に、国内の人権団体が関係する国際人権条約の委員会にカウンター・レポートを提出し、ロビー活動を展開するひとつの慣行が定着した。1995年5月の社会権規約委員会による最初の韓国政府報告書審査の際には、民弁と参与連帯が中心となり準備したカウンター・レポートが提出された。1996年1月の子どもの権利委員会による最初の韓国政府報告書審査の際にも、民弁と人権運動サランバンなどの人権団体が、子ども・青少年権利連帯会議を結成して、カウンター・レポートを提出した。また、その年の6月、拷問禁止委員会による最初の韓国政府報告書審査の際にも、民弁などの人権団体がカウンター・レポートを提出した。さらに、1998年6月、女性差別撤廃委員会による第4回政府報告書審査の際には女性団体連合が、1999年10月の自由権規約委員会による第2回報告書審査の際には民弁が、それぞれカウンター・レポートを提出した。

6. 国際人権条約の広報および教育

(1) 1999年までの概観

　各人権条約の条約機関は、政府報告書を審査する度に、人権条約の国内での広報と教育を強調する。その度に政府は最善を尽くして国内広報と教育を行うと述べているが、実際には政府による広報や教育の成果はほとんどない。人権条約は、政府が主導する教育機関で、とくに法執行官（司法機関、捜査機関、行政機関などの公務員など）に優先的に教育を行うべきであるとしている。しかし、政府の各種教育機関でこのような教育が行われたという情報はない。政府は1999年、自由権

---

[26] 鄭・前掲注5）書174頁参照。

規約の第2回報告書で、司法研修院が1997年に国際人権法講座を開設し、研修生たちに講義を始めたと述べたが27)、実は1999年まで、国際人権法の講座は正式には開設されていなかった28)。

(2) 2000年の状況

　全般的に前年度までの状況と変わったことはほとんどないが、とくに関心を引く状況は、司法研修院が国際人権法を正規科目として開設したことである。司法研修院は、この科目を選択科目として開設した。この講義に第31期の研修生21人が登録した。講師は筆者が担当した。この講義は、期末試験を含めて30時限で構成され、講義内容は国際人権法の基礎理論、国際人権法の国際的な実施（国連システムと各地域システム）、国内的実施（国際人権法の国内的活用など）および国際人権でのNGOの役割などの国際人権法全般にかかるものである。

7.　自由権規約委員会へのロビー活動の経験から

　1999年10月、自由権規約委員会による第2回韓国政府報告審査がジュネーブで行われた。上述のように、この際に民弁は、カウンター・レポートを提出し、ロビー活動を行った。

　このときのロビー活動についての報告を整理しながら、結論として、人権条約委員会で今後効果的なロビー活動をするための方策を提示したい。これは、他の人権条約による国連活動でも参考になると思う。

　(1)きちんとできたカウンター・レポートを書かなければならない。政府報告書とは異なる側面から異なる内容を書くのは当然であるが、外国の専門家たちによく理解できるように書くことが重要である。そのためには、国際的に広く認められる用語を用い、視覚的に見やすく整理する必要がある。したがって、韓国内で読める韓国語の人権報告書を作成してから、それを英語に翻訳する方法には限界がある。執筆者たちがたとえ英語で直接書けないとしても、国際人権法の知識をベースに韓

---

27) Second periodic reports of States parties due in 1996 : Republic of Korea. 20/08/98. UN Doc. CCPR/C/114/Add.1. para. 14.
28) 1999年に講義が試みられたが、選択科目の最低受講人員10名に足りなかったので開設はされなかった。

国の問題を外国の専門家に理解しやすく紹介するという考えで書かなければならない。そうしないとロビー活動でNGOの立場を説明するのに余計な時間がかかってしまう。

　カウンター・レポートの形式と関連しては、なるべく次の３つの内容が入るようにしたほうがいい。①各論点と関連した国際人権法上の典拠を明らかにしておく。規約の関連条項の解釈について、委員会の一般的意見がすでに出ているか、個人通報制度に基づく見解ですでに委員会が解釈を下していたら、これを引用すべきである。それ以外にも、国連の関連機関で決議形式や報告書形式で見解を述べたものがあれば、これを引用するのもいい。②私たちが提起しようとする人権問題を簡単にまとめる。これは１つ目の内容を意識しながら外国の専門家たちが理解しやすいようにまとめる必要がある。③問題について委員会で対応して欲しい内容を整理する。一言で請求趣旨を整理するのである。今後委員会が政府に対して発表する最終所見に入るべき内容をまとめて結論の代わりにする。このような形式は、98年の日本政府報告書審査の際に日本弁護士連合会が委員会に提出した報告書において見られる。

　カウンター・レポートを上のような形式で作った後、末尾には委員に使ってもらえるような質問書と最終所見の草稿を添付したほうがいい。

　(2)会議での議論に有効に関与する方法を探さなければならない。時間的制約があるので、会期前にすでに政府に書面で質問してある内容と完全に異なる新しい質問を審査の時にするのは厳しい。だからNGOが取り上げてほしいテーマが審査で論議されるためには、政府への質問書を送る過程にNGOが参加しなければならない。このためには、審査会期の前に、作業部会で質問書を作るときには、少なくともNGOの質問書が反映されるようにロビー活動をしなければならない。

　(3)ジュネーブに行く前に、カウンター・レポート数枚に要約しておくべきである。概要書には、審査で必ず論議すべき争点と質問書、最終所見草案を入れ、委員たちがカウンター・レポートを見なくても政府代表に質問できるように準備しなければならない。今回のロビー活動でも確認したが、18人の委員のうち、カウンター・レポートをきちんと読んだ者はわずかであったのが現実である。１、２人いたらマシだといえる。だからロビー活動をする者としては、委員たちが私たちのカウンター・レポートをすでに読み終えたと考えないで、最後まで、私たちが問題としていることをわかりやすく、最小の時間で理解できるようにすることに関心を持つべきであ

る。最終段階のロビー活動では、この概要書がとても有用に使われるのである。ジュネーブに到着して出会う委員一人一人にこの概要書を配りながら、簡単に私たちの人権問題が説明できるように準備しなければならない。

(4)審査当日に政府の答弁を予想したうえで作成した、NGOの立場を簡単に知らせる文書が有用で、今回のロビー活動で効果があった。会期中のロビー活動で得た情報に基づき現地で簡単に文書を作り、それを使ったほうが効果的なロビー活動になるということである。

(5)委員を集めて直接にNGOの代表たちが説明できる機会であるランチ・ブリーフィングは、最もいいロビー活動の1つであることを覚えておこう。これに優るロビー活動はないだろう。ジュネーブにおけるロビー活動の本命中の本命といえる。NGO代表たちは、このときに委員に明確な印象を植えつけることができるし、会議のときに、必ず委員たちが質問してくれるよう直接要求し、最終所見に入れるべき事項も直接要求することができる。ほとんどの委員は、この時間をとても有用なものだと認識している。少しのお茶とお菓子を準備して、委員と隔たりのない話ができるよう、十分に準備しておこう。ただ1時間ほどしか時間がないので、扱うのは核心事項に限らなければならない。こうしてランチ・ブリーフィングを通じて慣れると、その後委員たちととても親しくなれる。国連ビルのどこで会っても挨拶して、偶然に構内食堂で出会ったら一緒に座って思いがけないロビー活動もできる。こういう可能性はいつでもどこでもありうることである。

(6)国際NGOとのつながりは必須である。上のような活動は、私たちのような国内NGOだけではほとんど不可能である。国際NGOでなければ国連に自由に入って活動するのは難しい[29]。国際NGOとのつながりがなければ、事前に国連人権高等弁務官事務所や委員たち、そして他の国際NGOたちと協力することも難しくなる。ジュネーブに行く前に国際NGOとつながっていろいろ助けてもらうことが必要である。今会期の場合、国際人権連盟(FIDH)の手助けがなかったら円滑なロビー活動は難しかったはずである。次の機会には、今回つながりができた拷問防止協会(APT)もいいパートナーになってくれると思う。この団体の長所は、ジュネーブが本部で、事務所がちょうど国連欧州本部の隣に位置していることでいろいろ事務的な手助

---

[29] ちなみに民弁は2000年に国連の特別協議資格(special consultative status)を獲得した。したがって最近では国連の人権活動を独自に行う場合が増えている。

けをしてくれることである。

8. 資料：自由権規約委員会第67会期傍聴報告[30]

1. カウンター・レポートの提出とその後のジュネーブ活動までの経過

　カウンター・レポートの韓国語版作成作業が遅れたため、翻訳作業に影響を与え、結局英語版カウンター・レポートは99年7月末頃に完成した。99年6月末から7月初めまで開かれた第66会期の作業部会で第67会期の議題に関する議論があり、その前にカウンター・レポートを提出したほうが効果的との連絡をジュネーブから受けており、この日程に合わせてカウンター・レポートを完成させようと努力したが、間に合わせることはできなかった。完成したカウンター・レポートを提出するのが難しいなら、作業部会が韓国政府に送る質問書に反映させるための質問書だけでも送ったほうがマシだという話で筆者がその責任を負ったが、作業部会の日程に私たちの質問書を送ることもできない状況であった。しかし、この質問書作成作業は、完成直前の私たちのカウンター・レポートの末尾（4章）を飾り、今回のジュネーブでのロビー活動で相当な効果を発揮するきっかけになった。

　8月初め、私たちはカウンター・レポートをジュネーブの国連人権高等弁務官事務所に送った。18人の委員たちが第67会期でどれぐらいこのレポートを見てくれるが、韓国政府報告書の審査が生産的な討論になるか、それとも形式的なものになるかの鍵になるはずであると私たちは信じた。

　9月に入ってから、私たちは本格的に第67会期のための準備にとりかかった。まずはジュネーブに誰を派遣するかを決定しなければならなかったし、その次は具体的にどんな方法でジュネーブで活動するかを検討する必要があった。まず、カウンター・レポート作成の責任者である民弁国際連帯委員長の筆者が行くことに自然に決定した。そして8月半ば頃にイギリスに留学した前任国際連帯委員長韓澤根弁護士が、事情が許すかぎり現地で合流することにした。しかし2人では円滑なジュネーブ活動は難しいという判断で、もう1人、ジュネーブでの活動にすでに何回かの経験がある金善洙弁護士が執行委員会で推薦された。こうして、ジュネーブ

---

[30] この資料は、筆者が1999年自由権規約委員会第67会期に民弁を代表して参加した後に書いた報告書の一部である。この資料を見れば韓国の国際人権専門弁護士たちがどのように国際人権分野で活動しているかがわかると思う。

での活動の責任を負う会員としては3人が決定されたのである。

　9月初めに、国際人権連盟（FIDH）という団体から韓国人権ネットワーク（KOHRNET: Korean Human Rights Network）宛てに1通のメールが到着した。今回の第67会期の韓国政府報告書審査に際し、韓国のNGOを手伝うという内容であった。彼らの提案は、韓国からジュネーブに派遣される代表1名を、彼らが提供するトレーニング・プログラムで2～3日受け入れた後、本格的なロビー活動ができるように協力するというものであった。そして、そのために必要な旅費と滞在費を提供するというものであった。私たちは、この提案が最も妥当で現実的な提案だと考えた。なぜなら、私たちは国連の協議資格のない国内NGOであるため、国連でロビー活動を繰り広げるためには知名度のある国際的NGOと連帯しなければならない状況にあったからである。FIDHの提案はタイミングの良い思いがけない国際的な連帯の働きかけであった。このような判断で私はFIDHの担当者であるエレニー・ペトロウラ（Eleni Petroula）と随時連絡を取りながらジュネーブでの活動の準備を続けた。

　FIDHはまず私たちに、今回の会議で発表する人権問題を簡単に整理して送ってほしいと要請してきた。この要請はとても重要で現実的な提案であると考えられた。韓国政府報告書の審査日程が当初の2日間から1日に変更されたため、ともすると会議は形式的に流れる可能性があり、これに備えて短い時間を効率的に利用できる方法が必要であった。短い時間内に韓国の人権問題が委員会で生産的に討論されるためには論点を極力絞る必要があり（私たちのカウンター・レポートの相当の部分が取り上げられなかった点は残念であるが）、このためには委員たちのために韓国の人権問題の最大の争点を短く整理し、韓国政府代表団に質問すべきことを事前にまとめることが必要であった。また、私たちの最大の関心事は、会議が終わってから出される委員会の最終所見に私たちの意思が最大限に反映されることであるので、できることなら最終所見の草案を作ってこれを直接委員たちに配布し、これが反映されるようにすることが現実的なロビーであることがわかるようになった。こういう現実的な認識の下で、金会員と私は、私たちが提出したカウンター・レポートの内容中、今回の会議で必ず取り上げられなければならない内容を選定し、これに従って簡単な文書を作り始めた。10個の主要争点を選定し、それぞれの問題に関する短い説明を添付し、それから各争点に関する質問書を作成した。そして最後に最終所見の草案を作った。完成したこの所見案は、すぐにEメールでFIDH

に送られ、同団体はこの文書を、関連人権NGOと人権高等弁務官事務所、そして委員会の委員たちに配布した。

　もう1つ興味深いロビー活動が準備された。私たちは今回の活動をしながら委員会の委員を相手にした最も積極的なロビー活動は、NGOが委員たちを招待して論点を説明するランチ・ブリーフィングであることがわかった。これは、NGOが委員会の会期中に自分たちと関係のある案件を扱う前に委員たちをランチに招待し、簡単な料理を供し、その時間に説明を行うことである。この過程で委員たちは、案件を審査する際に政府代表たちに何を質問するかを決めることができたり、疑問点についてNGO代表に質問をしたりするのである。そしてなによりもNGO代表たちにとっては、委員たちと直接に会って自分たちが最も重要だと思っていることを発言する機会を持てることが重要である。これはFIDHからも提案したことであるが、韓国人として現在、人権高等弁務官事務所に勤めているイ・ワンヒ(이완희)氏も、そのような情報を提供してくれた。私たちはこのようなアイディアを最大限に活用することにし、FIDHにランチ・ブリーフィングを準備してくれるよう頼んだ。同団体は、私たちがジュネーブに到着する前に、私たちの提案のとおりにランチ・ブリーフィングの準備を済ませ、私たちに連絡をしてくれた。10月21日の昼、ちょうど韓国政府報告書が審査される前日に日程を決めたのである。私たちはこの日程に渾身の力を注ごうと意見をまとめた。

2.　FIDHについて

　FIDHは、Fédération Internationale des Ligues des Droits de l'Hommeの仏語名の略称である。翻訳すれば国際人権連盟となる。この団体は、アムネスティ・インターナショナル(AI: Amnesty International)などと並び国際的に最も名声のある人権団体のひとつである。1922年に世界最初の国際的な人権団体として創設されたという。初期には市民的、政治的権利を中心とする人権団体であったが、1924年にはすでに社会的、経済的権利をその活動のもう1つの中心にして両権利の不可分性を強調し始めた。

　この団体はフランスを中心に活動する。現在、70カ国以上の国で89の会員組織があり、50万人の会員がいる。本部はパリにあり、その他5つの都市に事務所を持っており(そのなかの1つがジュネーブにある)、運営は国際執行委員会(International Board)が行っている。1999年現在この団体の会長はパトリック・

ボーディン(Patrick Baudine)で、事務総長はアントワーヌ・ベルナール(Antoine Bernard)である。

FIDHは、国連とユネスコで協議資格(consultative status)を持っており、アフリカ人権委員会とヨーロッパ評議会ではオブザーバー資格を持って活動をする。この団体は各国の会員組織と協力して各種の人権侵害事件を調査し、これを国際社会に知らせ、国内NGOを支援し、これに対する教育および研修も行う。最近では、自由権規約などの人権条約に基づく政府報告書の審査に参加する国内NGOに財政的な補助を提供するだけではなく、国連の人権メカニズムを理解して効率的なロビー活動をするための方法を提供し始めた。今回、民弁の代表団がFIDHの協力を受けたのも、こういった活動の一環であった。FIDHは、私に旅費と滞在費を提供してくれ、滞在中のすべての日程を管理して、私たちの便宜のために積極的に手伝ってくれた。

3. FIDHの協力と会議前のロビー活動
10月20日

私たち代表団は、FIDHの積極的な協力で10月20日からロビー活動に入った。まず私たちは、20日午前に人権高等弁務官事務所を訪ねた。弁務官事務所はもとは国連欧州本部(Palais des Nations)にあったが、2年前にレマン湖畔にある独立した建物に引っ越したという。私たちはそこでアジア担当官のステファニーに会い、30分ほど歓談した。私たちは、今回の会議では韓国の人権問題について深く論議するのは時間的に難しいため、時間を最大限効率的に活用するために、韓国社会で最も論議されている重大な人権問題に集中してくれることを要求した。そのため、私たちが作った主要人権問題概要書とカウンター・レポートを渡した。しかし担当官は、主に日本と中国に関心があり、韓国のことはそれまで後まわしにしていたようだった。先にFIDHから送った概要書もまだ見たことがないということから、そのようなことが強く感じられた。いくらいい資料だとしても郵便で100回送るよりも1回でも直接に会ってきちんと説明したほうが効果的であることがわかった。ロビー活動が重要だというのはこういうことなのではないだろうか。

担当官がたとえ私たちのカウンター・レポートと概要書を見ていなかったとしても、韓国に対する基本的理解はあるように見えた。国家人権委員会の独立性について関心を示したし、最近のソウルNGO世界大会(1999年にソウルで開かれた国

内NGO328団体および国外NGO481団体が参加した大会）についても質問をしてきた。人権教育について質問をし、韓国の現実に対して憂慮を示したりもした。私たちはたとえ過去10年間に韓国の人権状況において著しい発展があったのが事実だとしても、まだ行くべき道は長いことを説明した。担当官はこれを十分に理解したと話した。

　昼頃、私たちは国連欧州本部への出入を許可するSecurity Officeに行き、Accreditationという入構許可証を発行してもらった。すでにFIDHが私たちの代わりにNGO代表として第67会期委員会の傍聴を申請しておいてくれたため、簡単に入構許可証を発給してもらうことができた。

　午後にはモロッコの審査を傍聴した。22日の韓国政府報告審査をより正確に傍聴するために、会議場の全般的な雰囲気とメカニズムを見ておくことが主目的であった。会議場は長方形の部屋で、議長がいるヘッド・テーブルと委員と国連機関の関係者たちが着席する3列のテーブル、そしてNGO傍聴団のための2列の席（2階にも若干のNGO席がある）が配置されていて、すべて議長席を向いていた。定刻になるとNGO席は空席がないほど埋まり、委員席は空席もあったが、時間が経つにつれてほぼ満席になった。18人の委員中、16人が出席したようであった。会議のスタートはモロッコ政府代表（大使）が簡単に報告書のあらましを説明することで始まった。約15分の説明があり、その後すぐに質疑応答が続いた。回答はあらかじめ当該国に送ってある質問書に基づき準備されたものであった。つまり、前回の第66会期作業部会から当該国に質問したことが回答されるのであった。準備された回答が終わったあと、委員たちの個別的な質問へと移るのが会議の流れであった。私たちはここで1時間ぐらい傍聴してから、プレスルームに行って自由権規約委員会に関連したプレスリリースを入手した。3階のプレスルーム（C-329号室）では、欧州本部で開かれるすべての種類の会議に関連したプレスリリースが得られた。自由権規約委員会の場合、会期が開かれた10月18日の直前から毎日のようにプレスリリースが出ていた。

10月21日

　午前、FIDHのエレニーの案内でまず拷問防止協会（APT: Association for the Prevention of Torture）を訪ねた。この団体は23年前、ある銀行家が設立した国際的人権団体である。拷問防止のために強力に活動する国際人権団体で、国連

の協議資格があり、そのほかにもヨーロッパ評議会、アフリカ人権委員会ではオブザーバー資格がある。この団体がこれまでに行った最も大きな業績は、ヨーロッパ拷問禁止条約を起草して条約化するのに決定的な役割を果たしたことである。私たちはこの団体の国連およびアジア担当者であるセシリア・ジメネス(Cecilia Jimenes)と広報担当者のフランシス・ヒケル(Francis Hickel)の暖かい歓迎を受けた。そしてお互いの関心事を議論した。セシリアはフィリピンの法律家で、韓国を訪れたこともあり、私たちの事情をよく知っていた。フランシスもまたアジア圏で20年以上住んでいたため、比較的私たちに多くの関心を示した。彼らは、これから私たちと連帯して拷問防止のためのさまざまな活動を展開したいと話し、私たちもこれに賛同した。

　この日のハイライトは、午後1時頃から始まるランチ・ブリーフィングであった。私たちはFIDHの助けにより、事前に委員たちにランチ・ブリーフィングを提案していたのである。サンドイッチと飲み物を準備して、委員たちが午前のモロッコに対する審査が終わる時間に合わせて下の階の空き部屋で待っていた。何人が来るだろう。時間になり1人ずつ入ってきたが、覚えている人から挙げると、フランスのシャネ委員、米国のヘンキン委員、イスラエルのクレツマー委員、インドのバグワティ委員、モーリシャスのララ委員など、8名が出席した。私たちは彼らに概要書を配った後、私がまず少し説明をしてから質疑応答の時間を持つと話した。しかしクレツマー委員は論点ごとに質問をしようと提案し、一問一答形式で概要書の論点を説明した。なにより国家保安法が話題になった。委員たちは拘束期間と拘束場所、そして拘束施設に対する監督などに関する質問をし、クレツマー委員はとくに遵法誓約書に対して尋ねた。彼はすでに韓国の人権問題に対して相当な予備知識を持っていた。何が問題なのか、彼には長い説明は必要ではなかった。後でわかったことであるが、彼は今回の第67会期で韓国担当(すなわち、彼が韓国政府報告に対する最終所見の草案を作成することになっていた)であった。もちろんシャネ委員とともになぜ遵法誓約書が問題なのか、法を守ると約束する誓約書を書くことの何が問題なのかと言われたときは、本当に何から説明したらいいのか漠然とした。私はただ遵法誓約書は思想犯にだけ要求するものであり、その目的は国家保安法を守らせることなので、国家保安法の廃止のために闘っている人たちにとっては思想と良心の自由を侵害することになるのではないかと答えた。それ以外にも、彼らは韓国の令状実質審査制が規約9条3項に違反することに対して同意し、いくつかの

追加的な質問をした。国際法の大家であるヘンキン委員とインド最高裁長官を務めたことのあるバグワティ委員は、国内法と規約との関係が不明確であるという私の説明に関心を持ち、規約と衝突する国内法があるのか、あるのならそのような問題が裁判所で扱われたかを尋ねたりもした。私はまた、今まで個人通報制度が何回か利用されたが、政府には委員会の勧告を履行する意思がないと説明した。これに対して委員たちは深刻な憂慮を表明した。

　ランチ・ブリーフィングは、私たちが重点的に取り上げようとしている問題について委員たちに確実に意思を伝達できることに意義があり、そのうえ、ブリーフィングの後、廊下や会議場で会えば、さり気なく挨拶もできるようになった。私はブリーフィングが終わってから、バグワティ委員に廊下で会って簡単な会話を交わした。彼は私たちに感謝の言葉を伝え、私たちがいなければ委員たちは政府が提示する情報以外にはほとんど情報を得ることはできないと言ってNGOの活躍を高く評価した。そうして彼は私の名刺を求め、自分はメアリー・ロビンソン国連人権高等弁務官（当時）のアジア地域アドバイザーであると言った。そして、12月初めに韓国で開催予定の人権教育ワークショップに参加するつもりなので、そのとき私たちと交流したいと話した。思いがけない収穫であった。

　21日の日程の中でもう1つの重要なできことは、委員会の政府に対する事前質問書を入手したことである。7月の第66会期で確定して韓国政府に送った19項目で構成された質問書を入手したことで、22日に政府がどんな答えをするかが予測できた。当然、これに対する備えをすることが、私たちの重要な任務の1つとなった。私たちはこの質問書を分析した後、約10個の質問に対しては、私たちが情報を追加したほうが政府の返答を委員たちが十分に評価できると思った。私たちはホテルに到着するや否や1つの文書を作り始めた。「政府答弁を評価するための追加的情報」という名のその文書を、私たちはカウンター・レポートと概要書を主に参考にして作成した。わずか2〜3時間の作業であったが、とても忙しかった。私と金弁護士は幸いにもノートパソコンを持っていたので、この作業をすることができた。金弁護士がちょうど私たちのカウンター・レポートのファイルを持ってきていたので、かなりの量の内容も簡単にファイルからコピーして1つの文書を作りあげた。「この追加情報が明日どれほど効果を発揮するのか……」。

　21日の最後の日程は、在ジュネーブ韓国代表部大使との晩餐であった。実は私たちは、この晩餐をまったく予想もしていなかった。ところが20日夕方に、FIDHの

エレニーから、韓国大使館が私たちを探しているという話を聞いた。大使館はどうして私たちがジュネーブに来てFIDHとともに活動するのがわかったのだろうか。不思議なことだった。後でわかったことであるが、大使館側では、私たちの宿泊先を調べるために、民弁の事務局に連絡をとってFIDHを見つけ、連絡をとったという話であった。ともかく大使館が私たちと会おうとするのは他の用ではないだろう。協力を求めるに違いない。私たちは少し戸惑ったが、食べることは食べること、仕事は仕事という考えで招待に応じることにした。

　レマン湖が一目で眺められる所に大使の公館はあった。20年前にノ・シンヨン氏が大使であったときに購入したもので、風情があり高級そうに見えた。張萬淳(チャンマンスン)大使とキム・ゾンフン公使、そして次の日の審査に参加する韓国政府代表全員が出席した。韓国料理のコース料理を楽しみながらあれこれ話合いをしたが、私は比較的たくさんの話をした。私は政府代表たちに、今度の審査が生産的な会議になるように努力してほしいとお願いした。認めることは認め、改善を約束すれば国際社会も私たちの変わった姿を感じるはずだと話した。そしてよくわからない問題や公式的な見解がない場合は、慎重に返答することをお願いした。晩餐中に感じたのは、法務部（法務省）と外交部（外務省）とはかなり認識に差があるということであった。法務部は、国際的な関係や義務に対してはとても鈍感な感じであった。これに対し外務部は、対内的な限界のせいで対外的な義務に違反してはいけないという考えをしていた。しかし、こういう重要な認識の差がほとんど調整されておらず、国際社会で露呈したらたいへんではないかと内心、心配であった。（後略）

｢反人道的犯罪｣[1]
国際法的概念と国内への受容方法[2]

1. はじめに——研究の契機

　過去数十年間、我々は民主化の過程で数多くの犠牲を経験せざるをえなかった。そのなかでも独裁政権の手先である保安捜査機関による生命への脅威は、最も生々しく記憶に残っている。政権を守らなければならないという一念で、思想を異にする人を地下の取調室に連れて行き、数々の拷問を加えた。はなはだしきに至っては、水拷問や電気拷問でもって人間の尊厳を完全に踏みにじった。歳月が流れ、社会が民主化されたというけれども、彼ら被害者とその家族は、今でも当時の悪夢にうなされ、今日も困難な生き方をせざるをえない。一方、加害者たちは今日も街を闊歩し、健在であることを誇示している。正義が実現されなければ、いつかまた我々は過去の桎梏へと戻ることになるかもしれない。単に思想が違うということだけで、いつでも水拷問・電気拷問の被害者になりうるのである。二度とそのような経験をしたくないのならば、この許しがたい人権侵害に対し、徹底的な正義の審判が下されるべきである。

　1999年、21世紀を目前にして、十数年間行方をくらましていた李根安(イグンアン)が姿を現

---

1) 我が国では｢crimes against humanity｣を翻訳する際、従来｢人道に反する罪｣という用語を多く使っていた。しかし、最近は｢反人道的犯罪｣という用語も多く使われている。人権団体や一部国会議員が最近提案した関連法律案のタイトルにも｢反人道的犯罪……｣等の名称が使われている。したがって、筆者はこの論文で上記の傾向を反映し｢人道に反する罪｣という用語よりは｢反人道的犯罪｣という用語を使うことにした。

2) 韓国の国民は、過去数十年間、独裁政権の圧政に苦しめられてきた。民主化が実現した今、独裁政権の下で深刻な人権侵害を受けた被害者とその家族は、人権侵害の責任者の処罰を要求している。しかし、現行の韓国の法律では、この問題に対してなす術がない。さらに韓国は、国際刑事裁判所規程(ローマ規程)の批准とともにその実施立法を作らなければならない状況に置かれている。実施立法を作る場合の一番の関心事は、ローマ規程の管轄犯罪(反人道的犯罪等)をどのように国内法に取り入れ立法化するかということである。本稿は、まさにそのような問題意識から書かれたものである。本稿は、2002年に大韓弁護士協会の刊行する月刊誌｢人権と正義｣に掲載されたが、その後、韓国政府がローマ規程に加入したので、原文のうち関連部分を修正した。

した。拷問技術者の李根安が自首したのである。しかし、この自首の真意は、罪科に対し悔い改めた結果ではないようだった。公訴時効という恩恵が彼を待っていたからだった。彼の計算は正確だった。彼に対する調査で、彼の華麗(?)なる拷問技術と被害の大部分が明らかになったが、検察は彼に対する起訴をあきらめた。被害者および世論は、拷問加害者に対して相応の処罰を要求したが、公訴時効制度は彼を守る完璧な保護膜であった。

　いわゆる「国民の政府」になって、独裁時代に起こった疑問死事件の真相がその輪郭を少しずつ現し始めたが、やはり限界は明らかであった。崔 鍾 吉(チェジョンギル)教授の事件3)の場合、過去において中央情報部が犯した代表的な反人権的犯罪行為として明らかになるのかと思っていたら、これも公訴時効という法理の前ではどうしようもなかった。それだけではない。国家安全企画部(安企部)が殺人犯を庇護し、被害者を北朝鮮の工作員にでっち上げた事件が明らかになったにもかかわらず(いわゆるスジ・キム〔金〕事件)、公訴時効というハードルが関係者たちに対する処罰を、またも阻んでしまった。

　このような状況のなかで、自然に「反人道的犯罪」という概念が登場した。外国の例を挙げて、反人道的犯罪はいくら時間が経っても時効とは関係なしに処罰可能だ、と主張する声も聞こえてきた。そしてついに「民主社会のための弁護士会」(民弁)所属の弁護士たちが、1999年末、李について、公訴時効が過ぎても処罰を求める告発状を提出した。検察はこれに対し不起訴処分で応えたが、弁護士たちは、不起訴処分は反人道的犯罪に対して公訴時効を適用しない国際慣習法に違反するということで、検察抗告をするに至った4)。李根安事件で、民弁の弁護士たちは、

---

3) 崔鍾吉はソウル大学校法学部の教授として在職中の1973年、中央情報部の要員(捜査官)によって不法連行された。そして、情報部で北朝鮮のスパイ容疑で拷問を受けている最中に、突然死亡した。当時、情報部は彼がスパイであることを自白し、7階の建物から投身自殺したと発表した。この事件は1970年代朴正熙政権下での代表的拷問死として知られるところとなり、現在も真相究明のために調査中である。
4) 韓国では、検事の不起訴処分に対して、当該事件の告訴人または告発人は「検察抗告制度」によって原検察庁の上級検察庁(高等検察庁)に取消しを求めることができる。不起訴処分に対する制度としてはほかに、一部の罪について、裁判所の準起訴手続がある。民弁の弁護士13人は、1999年11月、李が1980年代初めに犯したハム・ジュミョン氏に対する拷問事件をソウル地方検察庁に告発した。しかし検察は、1カ月後の12月末、李の拷問事実を認定しながらも、公訴時効が完成したことを理由に不起訴処分とした。告発人の弁護士たちは、2000年1月、ソウル高等検察庁に抗告し、これも却下されると同年の3月最高検察庁に再抗告した。しかし最高検もこれを却下した。

李の拷問犯罪を国際法上の「反人道的犯罪」として規定し、これに関する国際的な流れを国内に導入しようと努力した。それまで象徴的な意味での使用にとどまっていた反人道的犯罪の概念が、本格的に法律的概念として構成し直されるに至ったのである。

その２年後、いくつかの人権団体がスジ・キム事件における事件隠蔽の主犯として元安企部部長の張世東(チャン・セドン)を告発するに際して、李根安を告発した際と同様の主張を行った5)。スジ・キム事件も同じような反人道的犯罪だというのがその理由であった。さらに最近は、反人道的犯罪に関する特別法を制定しようとする動きも始まっている。

このような状況であるにもかかわらず、まだ反人道的犯罪という概念に対する理解度は低いようである。したがって、その概念を明確にし、それをめぐる国際的流れや原則を正確に紹介することが必要となった。また、このような概念を韓国の法制として受け入れる場合どのような考慮が必要となるか、これについても研究する必要性を感じるようになった。本稿はまさにそのような目的で執筆したものである。

2. 研究の主題および範囲

上記のような契機および必要性により本稿を書くにあたり、筆者は次のような主題および範囲を設定することにした。

第１に、国際社会で確立されたcrimes against humanity、すなわち、「反人道的犯罪」の概念をどのように定義し理解するか、である。このために、反人道的犯罪という概念がどのように形成されてきたか、また、その概念要素として論議されてきたものは何であるかを見てみたい。さらに、ここでは、国内で起こった国家権力

---

5) スジ・キム(金)事件は、1987年、金玉粉(キム・オクブン、通称スジ・キム)氏が夫の尹泰植(ユン・テシク)によって殺害されたが、尹氏と安企部の合作で金氏が北朝鮮の工作員だという冤罪を被った事件である。尹氏は十数年間、安企部の庇護の下で反共闘士として、また成功したベンチャー事業家として行動していた。検察はスジ・キム事件の内偵の中断と関連し、警察に捜査中断を要請したキム・スンイル当時の国家情報院対共捜査局長、および内偵中断を指示した李茂栄(イ・ムヨン)元警察庁長官を、職権濫用および犯人逃避等の嫌疑で拘束起訴した。しかし1987年当時、事件隠蔽を主導した張世東安企部長に対しては、職務放棄、職権濫用、犯人逃避および犯人隠匿罪に対する公訴時効が完成したとして捜査をしなかった。これに対し、民弁等の人権団体は、張を犯人隠匿等で２月末に告発したが、検察は公訴時効の完成を理由に不起訴処分とした。

による反人権的行為について、それが反人道的犯罪として取り扱うことのできるものであるかどうかについても、検討してみる。

 第2に、国際社会が反人道的犯罪に対し、どのような性格を与えてきたかを見る。それは、一般的な国内犯罪とは違って、国際犯罪としての反人道的犯罪に関して国際社会でどのような特別な原則が認められてきているかを考えてみようということである。

 第3に、反人道的犯罪の概念を韓国で受容するためには、どのようなことを考慮すべきであるかを探ってみようと思う。それは上で触れた反人道的犯罪の国際的原則を国内に受容するときの、その内容と方法を考えてみようということである。

3. 国際犯罪の概念およびその効果

 反人道的犯罪を我々は国際犯罪（international crime）と呼んでいる。そもそもその意味は何なのか。その意味をはっきりさせずに反人道的犯罪を論ずるということは、砂上の楼閣に過ぎない。そのため、筆者は反人道的犯罪の本論に入る前に、国際犯罪の一般論に簡単に触れておきたいと思う[6]。

(1) 国際犯罪の概念

 国際犯罪は一般的に国際法により直接に形成された犯罪を意味する。国際法は大きく国際条約と国際慣習法とで構成されるため、国際犯罪はこの2つの規範により形成されているとみなすことができる。まず、国際慣習法により形成された国際犯罪を見てみよう。

 代表的なものが海賊行為（piracy）である。この犯罪が問題になるのは、それが公海上で発生した場合である。伝統的な国際法理論から見ると、公海上で犯罪が発生すると、旗国主義に基づいた船舶の船籍国以外の国がその行為を処罰することは原則的にできない。しかし、海賊行為は必ず処罰されるべき犯罪行為であることには違いない。それは国の主権とは関係なく、人類に対する罪（crimes against mankind）、あるいは、世界に対する罪（crimes against the whole world）になる

---

[6] この部分の詳細は筆者の『국제인권법（国際人権法）』（도서출판 한울〔図書出版ハンウル〕、1999年）218頁以下を参照のこと。

からである。そのため、伝統的に海賊行為は、国際慣習法で認定する国際犯罪とみなされてきた。

　一方、条約により形成された国際犯罪としては、ハイジャック等が代表的なものである。これらの犯罪はいくつかの国際条約（たとえば、1970年のハーグ条約〔航空機の不法な奪取の防止に関する条約〕）により犯罪として規定され、国際社会が処罰することを要求している。このような犯罪は、100年前までは存在しなかった犯罪類型であるが、現代になって世界が新たにそのような行為の普遍的犯罪性を認め始めたのである。

　では次に、具体的にどのような行為が国際犯罪に該当し、国際社会がその処罰を要求するのであろうか。言い換えれば、現在の国際条約と国際慣習法により形成された国際犯罪には、どのような行為があるのだろうか。これについて、パウスト（Paust）は、1985年から1996年5月に至るまでの315の国際条約などを分析し、国際犯罪を24の類型に整理した[7]。それを紹介すると、下記のとおりである。

平和関連犯罪：1.侵略戦争
戦争および武器使用と関連した犯罪：2.戦争犯罪、武器の不法的使用、3.武器の不法的配置、4.傭兵
基本的人権侵害と関連した犯罪：5.集団殺害、6.反人道的犯罪、7.アパルトヘイト、8.奴隷制度、9.拷問、10.不法な人体実験
テロ関連犯罪：11.海賊行為、12.ハイジャック、13.国際的に保護される要人に対する脅迫および暴力の使用、14.民間人に対する人質行為、15.商船に対する攻撃および商船での人質行為
社会的利益関連犯罪：16.麻薬犯、17.猥褻物の国際的流通
文化財犯罪：18.国家的宝物の破壊および窃盗
環境犯罪：19.環境破壊、20.核物質の窃盗
通信手段関連犯罪：21.郵便物の不法的使用、22.海底ケーブルの破壊攪乱
経済的犯罪：23.有価証券の偽造、24.外国公務員の賄賂授受

---

7) Jordan J. Paust, Customary International Law: Its Nature, Source and Status as Law of the United States, 12 Mich. J .Int'l L. 59, 1990, pp.63-74, revised in International Law as law of the United States 1, in Paust *et al.*, International Criminal Law, 1996. p.11.

これらの犯罪のうち、どれが従来の国際慣習法上認められた国際犯罪であるか。それについては国際法の解釈において権威のあるものとされているアメリカ法律協会（ALI）「アメリカ対外関係法第3リステイトメント」（以下、リステイトメント）8) 102条が標準的な解答を与えてくれている。それによると、国連憲章に違反する侵略行為、集団虐殺、反人道的犯罪、戦争犯罪、海賊行為、奴隷行為、拷問などの犯罪が国際慣習法によって認定される国際犯罪ということである。

⑵　国際犯罪の効果

　国際犯罪を上記のように認識するならば、国際犯罪として認定されたときの効果は何であろうか。それについては、バッシオウニ（Bassiouni）が1985年に312の国際条約などの国際規範を調査してまとめた『国際犯罪の属性』が適切な答えを与えてくれる9)。そのなかからいくつか例を挙げてみると次のとおりである。

　第1は、国際犯罪行為の犯罪化である。これは各国でこれらの犯罪を処罰できるように、刑法などに明文規定を置くことを求めることになる。

　第2は、処罰および起訴の義務である。国際犯罪行為に対しては、各国がこれを処罰する義務があるということである。義務のなかには処罰をする国に犯罪者の身柄を引き渡す犯罪人引渡しの義務が含まれる。

　第3に、各国の相互協力の義務である。国際犯罪行為に対しては、その処罰のため国家間で協力しなければならないということである。

　第4に、各国が国際犯罪を処罰するための管轄の根拠を設定する義務である。その代表的なものが「普遍的な管轄」である。すなわち、特定の国際犯罪に対してはどの国でも処罰できるというわけである。

　第5に、もし特定犯罪に対してこれを処罰できる国際法廷がある場合、犯罪人をその法廷に引き渡す義務である。

　上記の各義務は、すべての国際犯罪において発生するのではなく、犯罪によってすべて、あるいは一部だけが発生することになる。

---

8) American Law Institute, Restatement of the Law Third, Foreign Relations Law, 1986.
9) M. Cherif Bassiouni, International Crimes: Digest/Index of International Instruments 1815-1985, 1985.

4. 国際法における反人道的犯罪の概念の定立およびその形成過程

(1) ニュルンベルク裁判、旧ユーゴ国際刑事法廷および国際刑事裁判所規程に至るまでの反人道的犯罪の概念

　反人道的犯罪は、英語のcrimes against humanityの翻訳である。この用語が国際法上、初めて現れるのは、1915年トルコのアルメニア人虐殺事件からという。当時トルコが歩調を合わせていた三国同盟国(ドイツ・オーストリア＝ハンガリー・イタリア)は、この事件を反人道的犯罪と規定し、その責任者たちが個人的に責任を負うべきであるということを明らかにした(しかし、その責任追及は結局不発に終わった)10)。しかし、この用語が一般的に定立されたのは、ナチの戦犯を処罰するために設置された連合国のニュルンベルク国際軍事裁判所条例の6条3項であったということがいえる。そこでは次のように反人道的犯罪を規定している。

反人道的犯罪：戦前戦中における民間人に対する殺人、せん滅、奴隷化、強制追放、その他の非人道的行為あるいは軍事裁判所(ニュルンベルグ裁判所)の管轄に入る犯罪と関連する政治的、人種的、あるいは宗教的理由による迫害11)。

　次に1993年に国連安保理の決議808により設置された旧ユーゴ国際刑事法廷12)規程の5条は、上記のニュルンベルク条例とほぼ同じ規定を置いている(上記のような規定は、ルワンダ国際刑事法廷規程にも見られる)。

---

10) William A. Schabas, An Introduction to the International Criminal Court(2001), p.34参照。この問題についての詳細は、United Nations War Crimes Commission, History of the United Nations War Crimes Commission and the Development of the Laws of Law, London: His Majesty's Stationary Office, 1948, p.35を参照のこと。
11) 原文は次のとおりである。Crimes Against Humanity: namely, murder, extermination, enslavement, deportation, and other inhumane acts committed against any civilian population, before and during the war, or persecutions on political, racial or religious grounds in execution of or in connection with any crime within the jurisdiction of the Tribunal, whether or not in violation of the domestic law of the country where perpetrated.
12) この裁判所の公式名称は次のとおりかなり長い。"International Tribunal for the Prosecution of Persons Responsible for Serious Violations of International Humanitarian Law Committed in the Territory of the Former Yugoslavia since 1991".

法廷は国際的性格であるか国内的性格であるかを問わず、武力衝突中に民間人を相手になされた次の行為に責任のある者を処罰する権限を持つ：(a)殺人、(b)せん滅、(c)奴隷化、(d)強制追放、(e)強制収容、(f)拷問、(g)強姦、(h)政治的、人種的 および宗教的理由による迫害、(i)その他の反人道的行為。

　反人道的犯罪は、98年6～7月にローマ会議で作成された国際刑事裁判所 (International Criminal Court: ICC) 規程（ローマ規程）7条において相当変化をしている。同規程は、裁判所の管轄の及ぶ犯罪として集団殺害 (genocide)、戦争犯罪 (war crimes)、侵略行為 (aggression) とともに最も重要なものとして反人道的犯罪 (crimes against humanity) を定めている。7条は次のとおり規定している。

　この法律でいうところの反人道的犯罪は、民間人に対して広範な、または組織的な攻撃として行われた次の諸行為である。
(a)殺人、(b)せん滅[13]、(c)奴隷化[14]、(d)強制移住[15]、(e)国際法の基本的原則に違反する拘禁や深刻な身体の自由の剥奪、(f)拷問、(g)強姦、性奴隷化、強制売春・妊娠・断種あるいはその他のこれと同等な性的暴力、(h)政治的、宗教的、民族的、文化的、宗教的あるいは性差別に基づいたある特定グループに対する迫害、(i)強制失踪[16]、(j)アパルトヘイト[17]、(k)その他意図的に身体に深刻な苦痛を与えるために行われる非人道的行為。

---

13) この概念は「一定の人口の破滅をもたらすための意図的な生存条件の破壊、とくに食料や医薬品への接近禁止」を意味する。ローマ規程7条(2)(b)。
14) この概念は「人間に対する所有権利を行使する一切の行為、あるいは人身売買（とくに女性や子ども）の過程におけるこの権利の行使」のことである。ローマ規程7条(2)(c)。
15) この概念は「国際法上、何の根拠もなしに、適法の状態で居住している人を強制的な方法で他の場所に移す行為」のことである。ローマ規程7条(2)(d)。
16) これは次のおのおのの要素が含まれている概念である。第1、権力あるいはその庇護の下で国家あるいは政治的組織により行われる逮捕、拘禁、あるいは拉致行為。第2、法律の保護から被害者を孤立させる意図の下での、被害者の生死や所在などについての情報提供の拒否。ローマ規程7条(2)(i)。
17) この概念は「ある人種が他の人種を組織的かつ制度的な圧政を通じて支配し、各種の非人道的な処遇をする」ことをいう。ローマ規程7条(2)(h)。

ニュルンベルク裁判と旧ユーゴ国際刑事裁判、そして最近のローマ規程に至るまで、反人道的犯罪はどんな場合に構成されるのかについて、相当な議論が進められてきた。そのなかで主要な議論を見れば次のとおりである。

1）　武力紛争との関連

　反人道的犯罪とみなすためには、必ず戦争あるいは武力紛争との関連がなくてはならないのかという問題である。国家と国家、あるいは、国家と反国家団体の間の武力紛争がある状況で、上記のような行為が行われなければならないのかということである。

　ニュルンベルクの場合は、戦争直前の状況でのユダヤ人迫害をこの犯罪の類型に入れるため、この要件を相当緩和させた。しかし、ニュルンベルク裁判は、反人道的犯罪を処罰するにあたって、戦争との関連を基本的に重視したという見方が一般的である[18]。一例として、ニュルンベルク裁判では、一部例外はあったものの、戦前のドイツでのナチの自国民に対する人権弾圧を反人道的犯罪とはみなさなかった[19]。

　旧ユーゴ国際刑事裁判では、この問題は実際のところ大きな問題にはならなかった。規程上、武力紛争との関連は表現されているが（旧ユーゴ国際刑事法廷規程5条）、これは概念のうえで反人道的犯罪の範囲を縮小するためではなく、単に裁判所の管轄の範囲を定めるためであったと理解されている[20]。

　ルワンダ国際刑事裁判では、武力紛争との関連は規程にまったく表れていない。

　一方、ローマ規程では、このような問題を完全に解決した。戦争状態あるいは武力紛争のような要件を排除したのである。これは、反人道的犯罪がそのような状態でない平和時にも発生しうるものであり、これに対し裁判所は処罰をするという意味である[21]。このような変化は、独裁国家で発生する国家権力による人権蹂躙行

---

[18] このため、ニュルンベルク裁判で、反人道的犯罪は戦争犯罪と1つの体に頭2つのシャム双生児という評価を受けてもいる。
[19] Steven R. Ratner et al., Accountability for Human Rights Atrocities in International Law(2001), pp.50-51.
[20] Id. p.55.
[21] この問題と関連して、ICC規程を起草する過程で、中国、インド、ロシアおよびいくつかの東ヨーロッパの国々は、武力紛争との関連を主張したという。しかし、圧倒的多数がその必要性を認めなかったため、結局武力紛争との関連は、不必要なものということになったという。Ratner et al., op. cit., p.56参照。

為に対しても反人道的犯罪と規定し、対応するという国際社会の意思が込められたものとして評価すべきである。

2) 行為が広範性あるいは組織性を有すること

これは、行為の対象と方法の問題で、いわゆる広範性（massive or widespread）および組織性（systematic）と関連したものであるが、反人道的犯罪が成立するためには、これらの行為が、一般住民を対象に、広範（widespread）かつ組織的（systematic）になされることを要求されるかどうかという問題である。単独の事件でも、その犯罪が組織的でありさえすれば反人道的犯罪として認められるのか、それとも、反人道的犯罪は必ず多数の一般住民を相手に広範かつ組織的に行われなければならないのか。

ニュルンベルク裁判と、その後各国で開かれたナチ戦犯に対する裁判では、たいていこの２つの要素の両方を要求した。一例としてアメリカでの裁判では、単発的犯罪の場合、１件も起訴されなかったという22)。これは、国連戦争犯罪委員会（UN War Crimes Commission）でも、反人道的犯罪の必要条件として「組織的大量犯罪行為（systematic mass action）」を取り上げていることからもわかる23)。

旧ユーゴ国際刑事裁判では、規程により、反人道的犯罪の認定には「一般住民に対する広範なまたは組織的な攻撃であること」が要求されるとしているが、これを解釈するにあたって、あらかじめ計画された政策による組織的攻撃であることを重要視し、もし単一の犯罪行為であっても、それがそのようなあらかじめ計画された組織的犯罪行為に起因したものであれば、反人道的犯罪が成立するとした24)。

ローマ規程は、さまざまな議論の末に、「組織的」あるいは「広範」の要件を直接規程に入れており、そのうち１つでも該当すれば反人道的犯罪が成立すると明文化した25)。しかし、この２つの要件の関係をどのように解釈するかは、旧ユーゴ国際刑事裁判で見るように、今後ICCの運用過程で変わっていくだろうと思う。

---

22) Justice case, 3 CCL No. 10 Trials at 973, 985, in Ratner *et al., op. cit.*, pp.58-59.
23) United Nations War Crimes Commission, History of the United Nations War Crimes Commission and the Development of the Laws of War, p.179, in Ratner *et al., op. cit.*, p.59.
24) Dusko Tadic事件（IT-94-1-T, 7 May 1997）。この事件は、旧ユーゴ国際刑事法廷の最初の事件で、これらの問題についての詳しい内容の論争があった。

3) 犯罪実行の主観的要件

これは、反人道的犯罪を構成するためには、その犯罪の主観的要素として、必ず被害者集団に対する差別の意図があるべきかどうかという問題である。反人道的犯罪を、単純な犯罪行為でなく、特定の目的の下に行われる組織的で広範囲に及ぶ犯罪行為であると理解するかぎり、この要件は反人道的犯罪において重要な要素と判断されるであろう。しかし、行為そのものにおいても、犯罪の反人道的性格は認定されるので、その行為の持つ主観的意図はたいして重要ではないという意見もある。これは集団殺害罪が、その概念のうえで主観的要素である差別の意図を要件にしていることとは、相当異なる側面である。

ニュルンベルク裁判所では、その規程の文理解釈上、一般住民に対する殺人と一連の行為についてはそのような主観的動機が要求されなかったが、迫害については、その規定自体が「政治的、人種的、そして宗教的理由に基づく迫害」となっており、主観的要件として差別の意図が明文化された。そして、ニュルンベルク裁判やその後の各国のナチ残党に対する裁判を見ると、現実的にこのような主観的要素の排除された反人道的犯罪は、ほとんど見あたらない[26]。

旧ユーゴ国際刑事法廷では、規程上、迫害に対してだけ行為の動機を要求するが、その他の場合はこれを要求しない。さらに有名なタジッチ事件（控訴審）では、すべての反人道的犯罪において主観的要素である差別の意図はその構成要件ではないと判決してもいる[27]。

一方、ルワンダ国際刑事法廷では、すべての反人道的犯罪において、主観的要素として差別の意図をその構成要件にしているのが特徴である[28]。

ローマ規程は、もっぱら迫害の場合にのみ主観的要素として差別の意図を要求している。

---

[25] しかし、ローマ規程はsystematicの要件とwidespreadの要件を「or」（いわゆる選言的な）の関係として整理したが、「多数の行為とつながる過程で (a course of conduct involving the multiple commission of acts)」という用語を使うことによって、「or」要件の意味をうやむやにしたという評価を受けている。

[26] Ratner *et al., op. cit.*, p.63.

[27] Tadic Appeal, paras. 281-305.

[28] ただ、主観的動機あるいは意図についてのルワンダ国際刑事法廷の実務は、旧ユーゴ国際刑事法廷と比較してあまり変わらないということである。

4) 行為の主体

　これは、反人道的犯罪を国家の行為（公務員あるいはこれに準ずる人たちが国家的政策により行う犯罪）に限るべきか、それとも国家でなくとも一定の組織を形成した団体の行為に対してもその成立可能性を認めるべきか、という問題である。

　ニュルンベルク裁判では、これについて明文の規定はなく、ただ枢軸国の利益のために行動した人に対し、彼が個人的な地位にいたか、それともある組織の一員であったかを区別せずに処罰した。しかし、ニュルンベルク裁判の実際は、国家の行為として反人道的犯罪を犯した人を断罪しており、その立証は比較的容易であった。ただ、アメリカで開かれた戦犯裁判では、ドイツの企業家の場合裁判所はとくに国家の行為という要件を要求しなかったという29)。

　旧ユーゴ国際刑事裁判とルワンダ国際刑事裁判では、その規程上、反人道的犯罪の要件として国家の行為は要求されず、とくにタジッチ事件では、反人道的犯罪は国家の行為のみならず、特定地域を事実上統治する団体の行為によっても可能であると判断した30)。

　ローマ規程はこの問題に関して、第7条で「国もしくは組織の政策」という用語を使うことによって、反人道的犯罪の主体を幅広く認定する根拠を作った31)。

5) 行為の程度

　最後に、反人道的犯罪の概念と関連して問題になるのは行為の程度であるが、反人道的犯罪は国内法の普通刑事犯とははっきりと区別される違いを有するということである。すなわち、一般的な他の国内刑事犯罪より、その犯罪における非人道性が大きいものでなければならないということである。

　このような問題は、国内法に反人道的犯罪の罪名を置いている国の裁判所の解釈過程で議論になった。たとえば、カナダの最高裁判所は、フィンタ事件（1994年）で「反人道的犯罪は国内法の殺人や強盗よりその道徳的非難の程度が強くなければならない」と判決している32)。

---

29) Ratner *et al., op. cit.*, p.67.
30) Tadic Judgment, paras. 654, 655.
31) 学者たちはこの規定の意味を国家だけでなく私的団体（private entities）までも含む概念として理解している。Ratner *et al., op. cit.*, p.68参照。
32) R. v. Imre Finta, [1994] 28 C.R. (4th) 265 (S.C) (Canada).

これと関連して、ローマ規程や旧ユーゴ国際刑事法廷、あるいはルワンダ国際刑事法廷の各規程に定められている反人道的犯罪の行為類型のうち「その他の非人道的行為」という類型の解釈をするにあたって、注意する必要がある。ある人はこれについて、これらの根拠規定が反人道的犯罪の成立を幅広く認定した根拠であるといっているが、必ずしもそのように見る必要はないようである。この規定がたとえ包括規定であるとしても、行為の程度に関する上述のような考え方からすると、すべての非人道的行為を反人道的犯罪であるとするのではなく、そのなかで過度なものに限定するという解釈をするしかない。これについて、アイヒマン事件でイスラエルの裁判所は、非人道的行為の定義を「重い身体的および精神的危害を与える」ものと定義している33)。

(2) 反人道的犯罪の概念の多様性

　反人道的犯罪の概念をめぐる上記のような論争は、反人道的犯罪の概念につき、さまざまな定義を生み出す契機となった。本稿は、反人道的犯罪の概念論争を、主に国際的な刑事裁判所の諸規程とその解釈を中心に考察したが、実際にはこれより多様な論争が展開されている。それは第2次大戦以降世界各地で起きている非人道的行為に対し、国際社会が積極的に対処すべきであるというNGOの要求により、いっそう活発になった。

　アムネスティ・インターナショナルは最近、国際刑事裁判所の設立に関連したキャンペーンで、反人道的犯罪を、虐殺、超法規的処刑、拉致、拷問、奴隷化、強制移住、恣意的拘禁および政治的、人種的理由による迫害であると定義した34)。その一方で、アメリカ法曹協会（ABA）は最近の報告書35)において、反人道的犯罪を、一般住民に対し組織的にあるいは広範囲になされる故意の殺人、拷問、強姦、政治的、人種的理由による迫害と定義した。これらのNGOの立場は、一見、従来の反人道的犯罪の概念とあまり変わらないようだが、その内容を見ると明らかに違う側面がある。

　NGOの主な立場は、独裁国家や政情不安な国家でなされる各種の人権蹂躙行

---

33) Ratner et al., op. cit., p.74.
34) Amnesty International, The quest for international justice: Time for a permanent international criminal court(July 1995), AI Index: IOR 40/04/95.
35) この報告書は、国際刑事裁判所に関するABAの立場を明らかにしたものである。http://www.igc.apc.org/iccで見ることができる。

為を反人道的犯罪とみなし、これを国際的なレベルで断罪することを願うものである。したがってこの概念は、従来論議されていた反人道的犯罪の概念よりはるかに広いのも事実である。

　筆者は、これらの概念の歴史性に注目すべきであると思っている。もともと反人道的犯罪の概念は、第2次大戦後の戦犯処理に重点を置いている。これは実は、ニュルンベルク裁判やその後の旧ユーゴ国際刑事裁判、あるいはルワンダ国際刑事裁判、すべてにおいて同じであった。戦争あるいはそれに比肩する武力紛争の中で発生した非人道的行為が、反人道的犯罪の中心であったということである。しかし、南米などの独裁政権の非人道的犯罪は、必ずしも戦争や内戦が前提にならなくても発生した。チリのピノチェトやアルゼンチンのいわゆる汚い戦争を想起すれば、それはよりいっそう明らかになる。人権運動家たちはこれらの国家で発生した非人道的行為とその不処罰の現実を批判し、上記の国際刑事裁判の中から生まれた反人道的犯罪を援用してその処罰を主張したのである。その結果から、これらのいわゆる南米型反人道的犯罪は、従来の戦犯型反人道的犯罪に比べてその幅がはるかに広くなった。

　最近作られたローマ規程で、反人道的犯罪を比較的包括的に概念化することができたのは、上記のような論争の結果であるといえる。同規程は、反人道的犯罪の概念の国際条約化を試み、罪刑法定主義の原則に基づいてその詳しい定義規定を導入したので、今後、反人道的犯罪をめぐる国際的論争において最も重要なテキストとして使われるものと見られる。

5. 反人道的犯罪の範疇に入らない国家権力による反人権的行為

　反人道的犯罪の構成要件と関連して多くの論争があったが、はっきりしているのは、国家権力によってなされた反人権的行為一般について、それがすべて反人道的犯罪であるとはいえないということである。上で見たとおり、反人道的犯罪として認定されるためには、さまざまな構成要件を充足させなければならない。しかし、国家権力による反人権的行為は、たとえその処罰の当為性は十分あるとしても、必ずしもその構成要件を一般的に満たしているとはいえないため、「国家権力による反人権的行為」＝「反人道的犯罪」という等式は成立しないのである。

拷問ひとつを見ても、それは必ず罰せられなければならない反人権的行為であることは明らかだが、国家機関によって行われる拷問のすべてが反人道的犯罪であるとはいえない。ただ、拷問は国際社会が解決すべき犯罪の一類型であるため、反人道的犯罪であるかどうかとは関係なく、人権条約である拷問等禁止条約[36]を作り、その概念の国際標準化や国際的処罰の義務化を図っているのである。したがって拷問等禁止条約上の拷問は、上記のような反人道的犯罪としての要件である「一般住民に対する組織的あるいは広範な、そして際立って非人道的な行為」であることは要求されず、ただ条約1条による要件[37]さえ満たしていれば、国際法上の拷問として、締約国はそれに対して処罰するなどの義務がある[38]。こういう面から見ると、拷問等禁止条約上の拷問は、反人道的犯罪のひとつとしての拷問の概念

---

[36] Convention Against Torture and Other Cruel, Inhuman or Degrading Treatment or Punishment of December 10, 1984. この条約は1987年6月26日に発効しており、2001年1月現在、122カ国が批准している。韓国は1995年1月9日に批准した。

[37] 「国家権力による（この部分について条約は「公権力やその同意の下に」という表現を使っている）、自白を強要したり情報を得るため、犯罪に対する刑罰を加えるため、あるいは差別に基づいて脅迫する目的で身体や精神に意図的に重い苦痛を与える一切の行為」。原文は次のとおりである：...the term "torture" means any act by which severe pain or suffering, whether physical or mental, is intentionally inflicted on a person for such purposes as obtaining from him or a third person information or a confession, punishing him for an act he or a third person has committed or is suspected of having committed, or intimidating or coercing him or a third person, or for any reason based on discrimination of any kind, when such pain or suffering is inflicted by or at the instigation of or with the consent or acquiescence of a public official or other person acting in an official capacity. ここで身体や精神に重い苦痛を与える行為というのは、具体的に何を意味しているのか。この条約の趣旨を反映したアメリカ刑法は下記のような行為類型を挙げている。(a)重い身体的苦痛を伴う故意の加害行為、(b)人格を破壊し人の意思決定を強制的に変えさせるための行政的措置、(c)死に関する脅迫、(d)他人の命に関する脅迫でもって意思を強制的に変えさせようとする行為。

[38] 拷問等禁止条約に定められた締約国の義務のなかで、韓国の国内法にないものを挙げると以下のとおりである。
(1)国際条約によって犯罪人を引き渡す場合、被引渡し人が引き渡されて拷問を受ける可能性のあるときは引渡しが禁止される（3条）。
(2)拷問加害者がどの国家にいても処罰できる（いわゆる普遍的管轄権の設定、5条2項）。
(3)拷問加害者は、いかなる場合にも処罰を求める国に引き渡される（8条）。
(4)拷問防止のために拘禁施設や被拘禁者の処遇について改善し、捜査の際の調査方法に関する各種の規定を点検しなければならない（11条）。
(5)国家は、拷問被害者に対して適切な救済手続および賠償がなされるようにしなければならない（14条1項）。
(6)拷問によって得られた供述は、いかなる手続においても証拠として用いることはできない（15条）。

より広い概念として理解すべきであろう。つまり、反人道的犯罪としての拷問は、すべて拷問等禁止条約上の拷問の概念に入るが、その反対の場合、すなわち拷問等禁止条約上の拷問は、必ずしも反人道的犯罪になるわけではないということである。

拷問以外にも国家権力による反人権的行為はいくらでもありうるが、それを国際法上の反人道的犯罪行為であるとすぐさま規定することはできない。そういう面から見るとき、最近数年間の韓国の人権運動において、国家権力による反人権的行為をあまりにも簡単に反人道的犯罪と断定した気がする。実際これらのに対しては、一般犯罪に比べてその非難の度が強いため、反人道的犯罪に準ずる刑事処罰の特則を設けるべきであるという主張は一応正当であると思う。しかしながら、犯罪のさまざまな性格やその内容が反人道的犯罪の概念とは隔たりがあるにもかかわらず、その処罰の当為性を強調するあまり、国際法上の概念である反人道的犯罪をあまりにも簡単に援用してきたということは、少なくとも国際法の観点からは問題であるといえる。そのような理由から、最近は、国際的に用いられている反人道的犯罪の代わりに「反人権的国家犯罪(state crimes against human rights)」という概念を用いて、公訴時効の特則を主張する学者も現れている。この見解を主張した曺國(チョグク)教授は、反人権的国家犯罪を「国家機関がその職務を遂行するにあたって市民を殺害あるいは拷問する等、憲法や法律に違反して市民の人権を重大かつ明白に侵害したり、侵害行為を組織的に隠蔽・捏造した行為」であると定義している[39]。このような動きが起こっているのは、これまでの国家機関による人権侵害事件一般に対し、国際社会で通用している反人道的犯罪であると簡単に規定するには法理上無理があると判断したからであろうと思われる。

6. 韓国で発生した反人権的行為が「反人道的犯罪」を構成する可能性

韓国社会においてこれまで問題になってきた国家権力による各種の反人権的行

---

[39] 曺國「反人権的国家犯罪と公訴時効の停止・排除」法律新聞(韓国、2002年2月25日)14頁。しかしこの主張は、韓国の現実的問題を解決する役に立つだろうとは思うが、国際社会で論議されている反人道的犯罪そのものに対する我が国の義務を履行する方向となるには足りないところがある。曺教授は「反人権的国家犯罪」の概念を立法化しようという主張はしているが、本来の「反人道的犯罪」の立法化については別に主張していない。

為に対し、ある人はこれを国際法上議論されている反人道的犯罪として処罰すべきであると主張している。筆者はその可能性を考察してみようと思う。

　犯罪の罪質が、普遍的な価値の立場から見て、その内容が重大で人類全体の関心事になるような犯罪行為は、一般的に一応反人道的犯罪といわれる資格を備えているといえる。ただし、国際社会でこれまで反人道的犯罪をめぐって議論されてきたその構成要件を考慮するとき、先に触れたいくつかの最低条件、すなわち犯罪の対象が一般住民（民間人）であること、またその方法が組織的かつ広範であることという要件、そしてその犯罪の非人道性が国内の普通犯罪に比べて非難可能性が高いということなどは、反人道的犯罪かどうかを定めるとき、必ず検討すべき事項になるであろう。

　このように見た場合、李根安警監事件[40]を拷問等禁止条約上の拷問の概念を越えて果たして国際法上の概念である反人道的犯罪に該当するといえるであろうか。結論的にいって筆者は、彼の行為が反人道的犯罪としての性格を持つのにとくに無理はないと見ている。彼の行為は、対共捜査機関という国家権力の組織的支援（少なくとも黙認）の下で、反政府人士である民間人を対象にした犯罪であり（したがって反人道的犯罪の要件である「一般住民であること」および「広範性」、「組織性」に該当）、彼が使った拷問の手法は電気拷問、水拷問等人類社会が到底許すことのできない極悪な犯罪（他の犯罪より際立って「非人道的」）であるからである。このような拷問は、強圧捜査の過程で特定の捜査官により行われた単発の拷問（もちろんこれも拷問等禁止条約上の拷問には該当するが）とはとても評価できない、典型的な反人道的犯罪のひとつである。

　しかし、スジ・キム事件で張世東元安企部長が見せた隠蔽およびでっち上げ行

---

[40] 李根安は数多くの国家保安法事件を捜査する過程で、多くの人を不法拘禁し、想像もつかないような拷問方法で人権を蹂躙した。99年12月末、ソウル地方検察庁の不起訴決定文（ソウル地検1999年131012号、被害者ハム・ジュミョンに対する拷問事件）で検察が認定した事実をここに紹介し、その犯罪の反人道的犯罪性を考えてみよう。決定文に現れている李の拷問行為は下記のとおりである。李は83年2月18日、被害者ハム・ジュミョンをスパイ容疑でソウルの龍山（ヨンサン）にある警察対共捜査団に連行し、その後4月3日まで拘束令状の発付なしに45日間不法監禁した。この期間、北朝鮮スパイとして活動したことを自白しろといって、拷問器具であるチルソンパンという板の上に被害者を仰向けに縛りつけ、被害者の胸の上に跨って顔にタオルを被せた後、シャワー器で顔に水を注ぐことにより呼吸困難等の苦痛を与える方法で被害者に暴行を加えた。それだけでなく、同じ時期に被害者をチルソンパンに縛りつけた状態で電気拷問器具を用いて両足の小指に電線を巻き、電流を流す方法で激しい痛みを与えるなど電気拷問で暴行を加えた。

為は、上記の李根安事件と同一に取り扱い、国際社会が定立した反人道的犯罪の物差しで測ることができるであろうか。筆者はその行為が処罰されるべきであり、国家が相応の責任を負うべきところの国家権力による反人権的犯罪行為であるということには全面的に同意するが、上記の物差しに照らしてみるとき、反人道的として処罰することは難しいと考える。その隠蔽行為が広範囲に一般住民に対して行われたとはいいがたく(仮に国家権力の庇護の下に組織的に行われた犯罪であったとしても、一般住民に対する広範囲にわたる攻撃行為とは認めがたい)、非人道性の如何においても、スジ・キム事件では安企部関連者の行為はいわゆる作為犯ではない不作為犯であったので、作為犯のそれとは明らかに差があると考えるからである。

7. 反人道的犯罪に対する国際法上の原則

　反人道的犯罪をはじめとする国際慣習法上の犯罪の国際法上の性格は、大きく２つに分けて説明することができよう。
　まずは、反人道的犯罪は国際法上、強行法規犯罪(jus cogens crime)であるということである。強行法規(jus cogens)とは、根本規範(fundamental norms)あるいは強行規範(peremptory norms)について条約と国内法、そのどちらをもってもその規範が定めている権利や義務の内容を変更したり撤回したりすることができないということである。したがって、ある犯罪が強行法規犯罪と呼ばれるならば、それは最高次の規範に違反した行為であり、他の一般規範に違反したものよりもその非難の度合いが大きいといえる。
　第２に、反人道的犯罪は対世的(erga omnes)犯罪であるということである。これは、強行法規とコインの両面の関係をなすといえる[41]。ある犯罪が最高次の規範あるいは根本規範に違反したものなら、それは国際社会においてある一国の関心事ではなく国際社会全体の関心事であり、それを処罰することはすべての国の義務だということである[42]。つまり、対世的犯罪というものは、一国の管轄を越えて

---

[41] もちろんjus cogensとerga omnesとをはっきり区別する考えもある。つまり、jus cogensは国際法の序列化のために導入した実体法的概念である反面、erga omnesは直接的侵害を被っていない国家も異議を申し立てることができる法的利益あるいは訴えの利益の問題であると説明している。金大淳(キム・デスン)『国際法論〔第7版〕』(三英社、2004年)82頁参照。
[42] そういう意味で、erga omnesは「obligations towards the international community as a whole」ということができる。

国際社会がその処罰の義務を持つ犯罪であるといえる。

このような2つの性格から、国際社会は反人道的犯罪の責任者を処罰するために下記の諸原則について議論してきた。これらの原則が国際条約や国際慣習法[43]によってすでに確立したといえるかどうかについては、未だに多くの議論がなされているが、第2次大戦以降の国際法の発展過程におけるはっきりした流れを表しているということには異論がない。

(1) 普遍的管轄権の原則

この概念は、犯罪によってはその性格があまりにも残酷であるので、人類全体が関心を持ち、その犯罪がどこで起こったのかを問わず処罰できるというものである[44]。言い換えると、ある犯罪が普遍的管轄権に服する犯罪として評価されれば、国際法上どの国であってもその犯罪人を処罰できるし、また、処罰の意思のある国家から犯罪人の引渡しを要求されたときは、犯罪人の身柄を確保している国は引き渡さなければならないということである[45]。反人道的犯罪は、上記のとおり代表的な国際慣習法上の犯罪であり、まさにこのような普遍的管轄権の原則が適用される犯罪である。

普遍的管轄権は、国際慣習法上の原則として認められるため、国際法を適用するにあたって別途の受容手続を要求しない法体制[46]の下では、管轄権に関する別

---

[43] 一般に、国際慣習法としての地位を獲得するためには2つの条件が満たされなければならない。諸国家により広く通用している state practice(国家慣行、これを物的要素という)と慣行に対する opinio juris(法的確信、これを心理的要素という)がそれである。Ian Brownlie は国際慣習法の要件を、①duration(持続性)、②uniformity, consistency of the practice(慣行の統一性、一貫性)、③generality of the practice(慣行の一般性)、④opinio juris(法的確信)に分けて説明する。このなかで①〜③が practice に関する説明であるが、それによると duration は practice の必要要件ではないという。Ian Brownlie, Principles of Public International Law (4th ed., 1990), p.3 以下参照。
[44] これについては、リステイトメント404条に次のような説明がある。「国家は国際社会により普遍的関心事と認められた一定の犯罪(戦争犯罪、海賊、奴隷……)を規定し、およびその刑罰について定める管轄権を有する」。原文は次のとおりである。A state has jurisdiction to define and prescribe punishment for certain offenses recognized by the community of nationals as of universal concern, such as piracy, slave trade, attacks on or hijacking of aircraft, genocide, war crimes, and perhaps certain acts of terrorism.....
[45] 最近のピノチェト事件は、この普遍的管轄権原則がよくわかる例である。スペインがイギリスにピノチェトの引渡しを要請した根拠は、普遍的管轄権の原則の下でチリの独裁者を処罰するということであった。
[46] 韓国も憲法6条により国際法を適用する際に、別途の受容手続を必要としない。

途の国内法がなくても（反人道的犯罪を処罰できる刑事実体法だけで）反人道的犯罪人の処罰が可能である47)。しかし、ヨーロッパや北米地域の国々はたいていこの原則を国内法の明文規定として宣言している。以下は、それらのなかで代表的な国の法律的根拠を調査したものである48)。

ベルギー：ベルギーは1949年の戦争犯罪に関する4つのジュネーブ条約およびその追加議定書を国内的に受容する国内法により、国内の裁判所にこれら戦争犯罪についての普遍的管轄権を認めている。また、ベルギーの裁判所は、慣習法上の反人道的犯罪に対し、その犯罪が起こった場所がどこであろうとも管轄権を有する49)。
ボリビア：ボリビア刑法（Art.1(7)）は、国際条約により特定の犯罪行為を処罰することにした場合は、たとえ犯罪が外国で発生し、犯罪者の国籍や被害者の国籍がボリビアと関係がないとしても、ボリビアの裁判所がこれらの犯罪を裁判する管轄権を持つこととしている。
カナダ：カナダ刑法（Section7(3. 71)）は、反人道的犯罪や戦争犯罪の容疑者がカナダで発見され、これらの行為がカナダで起こったものであり、犯罪行為を構成している場合、カナダ裁判所にこれら外国人容疑者を裁く普遍的管轄権を与えている。
フランス：1998年1月6日、フランスの裁判所は、Weceslas Munyeshyaka事件において、フランスの法律（French Law 96-432 of 22 May 1996）により、集団殺害罪や反人道的犯罪に対し、普遍的管轄権を有していると宣言した。
ドイツ：ドイツ刑法（Art.6(1)）によると、ドイツ刑法は、外国で発生した集団殺害罪に対して適用される。それだけでなく、同刑法（Art.6(9)）は、ドイツが当事国になった条約で処罰すると約束した犯罪について、ドイツ刑法が適用されるとしている。
スペイン：1985年に制定された司法権組織法（Art.65）は、スペインの裁判所に、その行為がスペインで発生していれば違法となる行為、また国際条約の要求する

---

47) これに関しては本稿の「(4) 罪刑法定主義の緩和」(59頁)で詳しく説明する。
48) このリストは、最近カナダのアムネスティ・インターナショナルが調査したものの一部である（アメリカは筆者が調査）。
49) しかしベルギーのこの普遍的管轄権は2003年イラク戦争後に米国からの強い反発を受けた。その結果、2003年8月の関連法律の改正で次の場合にかぎり管轄権が及ぶものと制限された。
・被疑者がベルギー人またはベルギーが常居所地である場合。
・被害者がベルギー人または3年以上ベルギーに居住した者である場合。
・国際条約によってベルギーに管轄権の行使が要求される場合。

義務に違反する行為に対して、管轄権を認めている。同法Art.23(4)は、国際条約がスペインに特定の犯罪(たとえば、集団殺害、テロ)に対する処罰を要求する場合には、スペインの裁判所に管轄権があるということを宣言している。

スイス：スイス刑法(Art.6 bis)は、スイスが国際条約により特定の犯罪(たとえば、拷問)を処罰する国際義務を負っている場合に、自国の裁判所に普遍的管轄権を認めている。軍刑法(Art.109)では戦争犯罪に関する管轄権を認めているが、戦争行為に関する国際条約に違反する行為や戦争に関し一般的に認められている法律あるいは慣習法に違反する行為については、たとえこれらの行為がスイスとは何の関わりもないとしても犯罪とみなし、スイス内で処罰できるということを宣言している。さらに、同法(Art.108(2))は、このような戦争犯罪がたとえ非国際的武力紛争でない場合にも適用されると規定している。

アメリカ：アメリカでは、拷問加害者を20年以下の懲役、終身刑あるいは死刑に処するようにし、同時に、管轄については普遍的管轄権を宣言している。つまり、容疑者がアメリカに所在している場合は、被害者や容疑者の国籍に関係なく処罰できる[50]。

(2) 時効不適用の原則

これは、必ず処罰されなければならない反人道的犯罪を犯した者に対しては、公訴時効という免罪符を与えることはできず、反人道的犯罪者は時効と関係なくいつでも処罰できるということである。すでにいくつかの国際条約により確認されている。1968年の国連総会で採択された戦争犯罪および反人道的犯罪に関する時効不適用条約や、ヨーロッパ評議会が1974年に採択した同じ名称の時効不適用条約を挙げることができる。最近では、ローマ規程(29条)でも時効不適用の原則は採択された。

反人道的犯罪(戦争犯罪を含む)において時効不適用が国際慣習法上の地位を獲得したかどうかについては議論の余地がないわけではないが[51]、第2次大戦以降ナチ協力者に対してヨーロッパ諸国が現在に至るまで処罰しているのを見ると、少なくとも国際慣習法に近い原則になったといえるであろう。いくつかの主要

---

[50] US Code, Title 18, Sec. 2340A.
[51] 国際慣習法の2つの要件である国家慣行(state practice)と法的確信(opnio juris)において、果たして慣習法の地位に上がるほどpracticeがあるといえるかどうか疑問であるということである。参考までに2002年3月現在、時効不適用条約は45カ国が加盟している。

国は、すでに反人道的犯罪について時効は適用されないということを判例を通じて宣言している。すなわち、フランスの破毀院（最高裁判所）は、1984年のバルビー事件において、反人道的犯罪に時効が適用されないのは国際慣習法であると宣言し52)、イタリアの軍事法廷は、1997年のErich Priebke事件において、戦争犯罪に時効が適用されないのはまさに強行法規(jus cogens)であると宣言した53)。さらに、国際的に著名な国際刑事法学者の間でも、戦争犯罪、反人道的犯罪および集団殺害罪のような国際犯罪に対しては時効を適用しないというのが国際慣習法であるという考えに同意する人たちが増えてきている54)。

　しかし、各国での議論に照らしてみるとき、反人道的犯罪等における時効不適用の原則は、すでに国際慣習法の地位を得たのだから、国内法の根拠なしでも当然に（公訴）時効が排除されるという主張は、まだ主流になっているとはいえない。国際法的には時効不適用がひとつの原則として認められてきているとしても、各国の司法制度の多くは、このような国際的原則を国内に受容する装置をあらためて作ることによって現実的に時効不適用の原則を実現してきたといえる。それならば、具体的にどのようにこの問題を解決してきたか。各国の解決過程は、筆者が後ほど提案しようと思っている韓国への受容のための特別法制定に向けたひとつのヒントになるだろうと思う。

　時効不適用を認める第1の方法は、立法的な試みとその積極的な解釈であった。ドイツの場合は、戦後ナチ残党を探し出すために数回にわたる時効延長措置をとった。これは、時効になる前にナチによって犯された戦争犯罪や反人道的犯罪等を継続的に処罰するためであった。フランスの場合は、1964年に反人道的犯罪等については時効を適用しないという法律を制定したが、興味を引くのは、この法律により第2次大戦当時の反人道的犯罪を処罰したということである。我々の目から見ると、明らかに事後法によって処罰したもので（刑罰不遡及の原則に違反）、罪刑

---

52) *Fédération Nationale des Déportés et Internés Résistants et Patriotes and Others v. Barbie*, 78 ILR 125, 135(Fr. Cour de Cassation 1984), in Steven R. Ratner *et al*, Accountability for Human Rights Atrocities in International Law (Oxford, 2001), p 143.
53) Sergio Marchisio, The Priebke Case before the Italian Military Tribunals: A Reaffirmation of the Principle of Non-Applicability of Statutory Limitation to War Crimes and Crimes Against Humanity, *Y.B. Int'l Human. L.* 344(1998), in Ratner *et al., op cit.*, p.143.
54) このような考えを持っている人として、アメリカの有名な学者Hurst Hannumが挙げられる。詳しくは次の論文を参照。International Law and Cambodian Genocide: The Sounds of Silence, 11 *Hum. Rts. Q.82*, 101-02(1989).

法定主義違反の問題があると思われるが、フランスの破毀院は、バルビー事件およびトゥビエ事件で、反人道的犯罪の特殊性を認め、刑罰不遡及の原則に反するという主張を排斥した55)。

　第２の方法は、立法的にあるいは裁判所の判断によって、過去の反人道的犯罪を実効的に処罰できなかった期間は時効が停止していたと宣言することである。この方法はすでにフランスとドイツで使われた方法であるが、これらの国では、第２次大戦中の反人道的犯罪等に関しては、大戦中あるいは戦争が終わった後一定期間は効果的な司法手続が存在していなかったので、この期間の時効が停止していたという立法的な措置をとった56)。

　さらに、拷問やその他反人道的犯罪の類型に入らない国家機関による反人権的犯罪行為を考えれば、時効不適用の原則がこれらのすべての犯罪にも一律に適用されるべきではないかという問題がある。しかし、どう見ても国際的な立場では、反人道的犯罪とそうでない反人権的犯罪行為の公訴時効を同じと見ることはできないであろう。反人道的犯罪としての拷問は、今まで見てきたとおり、時効を適用しないのが国際社会で普遍的に認められつつある原則であるといえるが、その範疇に入らない拷問は原則的に普通犯罪と同様に取り扱われるというのが、国際的な主流と思われるからである57)。しかし、国家機関による反人権的行為は往々にしてその事実の存在が隠蔽されかねないので、最小限の事実が明るみに出るまでは公訴時効が停止しているとみなすのが妥当であろう。

---

55) Leila Sadat Wexler, The Interpretation of the Nuremberg Principles by the French Court of Cassation: From Touvier to Barbie and Back Again, 32 *Colum. J. Transnat'l L.* 289, 335-37(1984) 参照。破毀院がこれらの裁判で刑罰不遡及の原則違反問題に対してとった態度は、反人道的犯罪が発生した時点である第２次大戦中にすでに犯罪行為として処罰されるというのが当時の国際慣習法であった、ということである。したがってこれらの犯罪に対し第２次大戦が終わった後フランス政府が反人道的犯罪に関する法律を作ったとしても、これは事後に処罰類型を別途に作ったのでなく、単にその犯罪類型を確認したものに過ぎなかったというのである。このような論理はアイヒマンを処罰したイスラエルの裁判所の態度でもあった。
56) ドイツの場合、1965年ナチの反人道的犯罪者の20年の時効が完成することになると、立法的に第２次大戦の終戦日からドイツ連邦共和国の樹立日まで時効が停止したという宣言的立法をすることになる。そしてこの問題は後日時効をはじめから排除するという立法を通じて解決する。
57) アメリカでは、拷問の法定刑は、被害者が死亡に至った場合は終身刑あるいは死刑、そうでない場合は20年以下の懲役刑に処するように規定し (US Code, Title 18, Sec. 2340A)、同時に、公訴時効については拷問犯罪に特則を定めず法定刑による一般公訴時効が適用される。その結果、拷問による死亡事件では公訴時効を適用せず、それ以外の拷問事件では５年の公訴時効が適用される (US Code, Title 18, Sec. 3282)。

(3) 不処罰禁止の原則

　上記のとおり、反人道的犯罪は時間と関係なく（時効不適用）、必ず処罰すべきである。これは、反人道的犯罪を処罰するにあたって、犯罪者の地位により免責を与える行為、国民和解を名目に捜査や起訴をしない行為、そして政治的便宜のために行われる恩赦等を認めてはならないということを意味する。ただし、このような不処罰禁止の原則が国際法上のひとつの原則、すなわち国際社会がすでに認定している国際慣習法と同等な地位にある原則となっているとまではいえないであろう。この原則は、過去独裁政権下で数えきれないほどの人権侵害を経験した国々の責任者たちが恩赦あるいは形だけの裁判（sham trial）等によって免責された場合、その後民主的政権が樹立されて、あるいは国際社会が介入して、これらの責任者の罪を問うことができるかどうかをめぐって活発に論議されている。

　韓国国内ではその例が見つからないが、ローマ規程は、同裁判所の管轄犯罪（代表的なものは反人道的犯罪である）を犯した者に対し、当該国が刑事責任を免れさせる目的で国内司法制度を利用したり、国際法により認められた適正な手続に従って独立的かつ公正に裁かれず、正義が実現できなかった場合、常設の国際刑事裁判所が再び裁くことができるという規定を置くことによって、この原則の国際法的根拠を作った[58]。また、この原則は、反人道的犯罪の犯罪人を所在地国以外の国で処罰しようという場合、当該犯罪人は自らの犯罪を政治犯罪であるといって引渡し排除を主張することはできないということにも表れている[59]。

(4) 罪刑法定主義の緩和

　反人道的犯罪が国際慣習法上の犯罪であるということには異論がない。一方、近代刑事法において、罪刑法定主義は犯罪人処罰に関する至高の原理である[60]。ここで、それならば国際慣習法上の犯罪は罪刑法定主義を排除するか、という疑

---

[58] ローマ規程20条。
[59] Quin v. Robinson, 783 F2d 776 (9th Cir. 1986). この判決でReinhardt判事は、反人道的犯罪は犯罪の性質上、犯罪人引渡しの排除原則のひとつである政治犯罪人不引渡原則の概念に当然入れることができないと説明している。一方、拷問等禁止条約によると、拷問犯罪はいかなる場合であっても犯罪人引渡しの対象にならなければならない（8条1項）。「第4条の犯罪は、締約国間の現行の犯罪人引渡条約における引渡犯罪とみなされる。締約国は、相互間で将来締結されるすべての犯罪人引渡条約に同条の犯罪を引渡犯罪として含めることを約束する」。

問が生じる。一言でこの問題に対する国際法的流れを説明するならば、国際慣習法上の犯罪に対する処罰も基本的には罪刑法定主義が適用されるが、国内の普通犯罪に比べて緩和された状態で適用されるといえる。ニュルンベルク裁判で確認したように、国際慣習法上の反人道的犯罪は成文の事前条約なしでも国際裁判で処罰が可能である[61]。その正当性の根拠は、事後に国際裁判で反人道的犯罪をその根拠法に定めるといっても、それはすでに犯罪であると認定されてきたものをただ確認することに過ぎないのだ、という論理であった。このような論理は、ユダヤ人虐殺の責任者の一人であるアイヒマンの裁判においてイスラエルの裁判所が見せた態度に、より明確に表れている。イスラエルの裁判所は、アイヒマンが法を犯す行為を行う際にその行為を普遍的、道徳的原則に違反するものとして認識していなかったと主張することはできないとし、彼の行為はなされた瞬間普遍的管轄権に服する犯罪行為が成立したのだといった。さらに同裁判所は、国際法上の刑事処罰はちょうど事後法による処罰が可能であった初期のコモン・ロー時代と同様であると認識し、国際犯罪を裁き処罰できる機構のない状況では、国内の司法機関が国際法を直接適用するか[62]、国内の立法手続を改正して国際法を受容し、処罰することができるといっている[63]。

したがってこの論理を認めるならば、過去の反人道的犯罪に対して特別法等を作り処罰するということも罪刑法定主義に違反しないということができる[64]。さら

---

[60] 罪刑法定主義は、次のような表現で簡単に説明できる。法律なければ犯罪なし(nullum crimen sine lege)、法律なければ刑罰なし(nulla poena sine lege)。
[61] 旧ユーゴ国際刑事法廷でも罪刑法定主義(その中でも事後法論争)が被告人側から主要抗弁として提起されたが、裁判所はこれを斥けた。
[62] 国際慣習法上の犯罪に対し国内立法による受容手続なしに行為者を処罰できるかどうかについて、アメリカでは不可であるというのが通説的立場である。リステイトメント404条が直接これについて説明しているが、次のような内容がある。「国際法はアメリカの法ではあるが、議会が犯罪および刑罰を定める立法をしないかぎり、国際犯罪を犯した人を連邦裁判所で処罰することはできない」。このような考えは、おそらく徹底した罪刑法定主義を採用している韓国の刑事法でも妥当ではないかと思う。
[63] アイヒマンのイスラエル最高裁判所判決の英文要約は、36 Int'l L. Rep. 14-17(1968), p.277以下を参照。
[64] 曺國教授は、重大かつ明白な「反人権的国家犯罪」の場合、公訴時効の進行中または完成後、事後的立法を通して、公訴時効を排除したり、また犯罪終了日以後国家権力の事件隠蔽、でっち上げにより公訴提起が現実的に不可能であった期間について、公訴時効を停止させたりすることは、罪刑法定主義のひとつの原則である遡及処罰禁止の原則に反しないと主張する。曺・前掲注39)論文参照。

に、特別法を作る際に過去の犯罪に対しても公訴時効を適用しないとしても、公訴時効不適用自体が国際慣習法的地位ないしはそれに準ずる地位を得ていると解釈するかぎり、罪刑法定主義の違反問題は生じないであろう。

　上で説明したとおり、国際慣習法上、普遍的管轄権が適用される犯罪に対しては、特定国の刑事法が普遍的管轄権をとくに規定していなくても、その国の刑事法に同一犯罪の類型が規定されていれば、その国家が犯罪の発生地でなかったり、容疑者がその国の国籍を持たなくても、処罰できる。これは、少なくとも管轄問題（処罰権限）においては罪刑法定主義が排除できるということである。

　たとえば、A国の国内刑法に集団殺害罪を処罰できる根拠があると仮定しよう。しかし今問題になっているのは、その集団殺害罪がA国ではなく第三国で起きたのであり、その行為者もA国人ではなく第三国の人であるということである。A国の刑法の集団殺害罪規定には管轄権についての明確な立場が表れていない（あるいは、このような場合に処罰が可能であるという規定がない）。このような場合、A国が管轄問題について普遍的管轄権を主張して、国内刑法で上記の第三国の人を処罰することができるかどうかが問題である。もし、被告人側がこのような処罰が罪刑法定主義に違反していると主張するとしたら、どのような結果が出るであろうか。

　この問題に関し、アメリカのリステイトメント443条は、国際慣習法上の犯罪（これを普遍的犯罪、universal crimesと表現した）は、アメリカの刑法が適用できるとしている。これは国内の裁判所は、国内の刑事法に普遍的管轄権を適用できる犯罪が規定されていれば、別に管轄に関する立法がなくても裁判所の権限でその犯罪を処罰することができるということを意味する。要するに、管轄に関しては罪刑法定主義が適用されない可能性もあるということである。このような立場は、アメリカの判例で正面から認められたこともある。Demjanjuk v. Petrovsky事件[65]で、アメリカのある連邦控訴裁判所は、いかなる国であっても、普遍的管轄権の対象にな

---

[65] Demjanjuk v. Petrovsky, 776 F.2d 571(6th Cir. 1985). この事件は、ウクライナ出身で第2次大戦後アメリカの市民権を取得したDemjanjukの大戦中の行跡が露見したことから始まる。彼は大戦中ドイツのナチス親衛隊で働きながら、ユダヤ人虐殺の先頭に立った。しかし、戦争が終わった後、そのようなことを隠し、書類を偽造して、アメリカの市民権を獲得したのである。彼に対し、1981年オハイオ州の連邦裁判所がその市民権を無効にすると、イスラエル政府は直ちに彼の引渡しを要請した。彼に対する嫌疑は、crimes against humanityとwar crimesであった。しかし、彼は犯罪人引渡し裁判でイスラエルの管轄権問題を提起し、これに対して裁判所は、イスラエルが普遍的管轄により管轄権があることを確認した。

る犯罪を犯した者に対し、その犯罪を処罰できる国内の適当な法律があれば、その法律によって処罰できるという趣旨の判決をした。この判決の趣旨は、他のアメリカの事件でも見られる。すなわち、United States v. Yunis事件[66]でもアメリカのある連邦裁判所は、航空機テロが普遍的管轄に服する国際犯罪であることを確認し、この場合アメリカは管轄に対する特別な法的根拠なしでも被告人Yunisの犯罪行為が普遍的管轄権に該当する犯罪であるという理由だけで管轄権を行使できると判決した。このような判例は、アメリカだけで見出されるのではない。オーストリア最高裁判所も「もしオーストリアでなされたなら、オーストリアの法律により処罰可能な犯罪が普遍的管轄権に服する場合、オーストリアの裁判所はその処罰が可能である」という趣旨の判決を下したことがある[67]。

8. 反人道的犯罪の韓国における受容——その内容と方法

(1) 反人道的犯罪および国際条約上の犯罪の韓国刑事法における構成要件化

韓国の刑事法は、先に述べたような国際法上の議論を経て、多くの国ですでに国内法化された「反人道的犯罪」や国際条約上の犯罪（たとえば、先に述べた拷問等禁止条約上の犯罪）を、きちんと規定することができないでいる[68]。したがって、反人道的犯罪あるいは国際条約上の犯罪を韓国の法制でも処罰できるようにするためには、国内の刑事法に国際法上のこれらの犯罪を構成要件化する必要がある[69]。多くの国で国際的義務として国内法に規定しているように、韓国でも、反人道的犯罪を処罰する根拠規定を定めるべきである[70]。そしてその際には、筆者は、先に述べた反人道的犯罪の構成要件を下記のような内容に整理することを提案し

---

66) United States v. Yunis, 681 F. Supp. 896, (D.D.C. 1988).
67) Universal Jurisdiction (Austria) Case, Austria, Supreme Court, May 29, 1958, 28 Int'l L.
68) 刑法の規定上韓国の拷問概念は「人身拘束に関する職務を行う者あるいはこれを補助する者がその職務を行うにあたって、被疑者等に暴行あるいは苛酷な行為をすること」をいう。刑法125条参照。これは主に身体的苦痛だけに焦点を合わせたもので、本文中で見た拷問等禁止条約上の拷問概念に比べて、かなり狭い。
69) 参考に国内刑法に反人道的犯罪を規定しているカナダのケースを紹介する。「反人道的犯罪とは、一般住民もしくは他のいずれかの同一性を有する人の集団に対して行われた殺人、せん滅、奴隷化、追放、迫害、その他非人道的行為であって、犯行実行の時点において犯行実行地の法律に違反するかどうかにかかわらず、国際条約、国際慣習法または国際社会で認められた法の一般原則に違反する行為である。

たいと思っている。

　第1に、武力紛争との関連はもはや国際的潮流がそれを要求しない方向へと進んでいるので、反人道的犯罪は武力紛争の有無とは関係なしに成立するようにしなければならない。

　第2に、広範性と組織性の要件は、2つのうちどちらかに該当すればよいものとすべきである。ここで広範性とは必ずしも同時に多数の一般住民に対して行われる攻撃だけを意味するのではなく、数回にわたって一定の同一性を持っている人やその集団に対して行われる攻撃をも意味するものと見るべきである71)。

　第3に、行為の動機（主観的要素）に関連しては、行為の客観的外形で判断すればいいのであって、とくに行為の目的や意図を考慮する必要はないと思う。

　第4に、行為の主体に関連しては、必ずしも国家の行為に限定する必要はなく、一定の団体や組織としての実体があれば、その行為にも適用されるといえよう72)。

　第5に、行為の程度に関連しては、反人道的犯罪が普通犯罪と区別されるために、非人道性の程度を構成要件化することが必要であろう。

(2)　普遍的管轄権の問題

　韓国の刑事法は、反人道的犯罪や国際条約上の犯罪に対する管轄原則である普遍的管轄権を規定していない。もちろんこの管轄原則が国際慣習法のひとつであり、韓国の憲法が国際慣習法を国内法と同一に取り扱っているので、別に国内立法の必要はなく、管轄の問題は罪刑法定主義の問題とも関係ないという立論は可能であるが73)、議論の余地をなくすためには、反人道的犯罪に対して普遍的管轄権（いわゆる世界主義）が適用されることを国内法に明文化するのが望ましい。そのような理由で、世界の多くの国が刑事法に普遍的管轄権を明文化し、宣言しているのである74)。

---

70) ただし、この場合国際法上概念が確立している戦争犯罪と集団殺害罪もともに規定して当然である。その理由は、これら犯罪は反人道的犯罪とその性格が類似しており、同犯罪に適用される各種の原則を同じように適用することができるからである。
71) この場合、我が国で過去軍事独裁政権の下でなされた民主活動家に対する拷問等の犯罪行為は、この広範性を満たしているといえる。
72) この場合、我が国で組織的レベルで行われている婦女人身売買を国際社会の奴隷化行為 (enslavement) とみなし、反人道的犯罪として処罰すべきである。
73) Demjanjuk v. Petrovsky, 776 F. 2d 571 (6th Cir. 1985) 参照。
74) これについては、朴・前掲注6)書229頁参照。

(3) 公訴時効の問題

　反人道的犯罪や条約上の犯罪に対して国内法上特別な規定がないことから、韓国ではこのような犯罪が起こったとしても、その公訴時効は依然として普通犯罪における時効の原則を適用するほかない。そのため韓国では、国際社会で反人道的犯罪といわれる犯罪を犯した本人を処罰する場合であっても、公訴時効は15年を超えることができない75)。拷問の場合は、刑法（125条）や特定犯罪加重処罰等に関する法律（4条の2）でその法定刑を5年以下の懲役と10年以下の資格停止76)、1年以上の懲役（被害者が負傷した場合）、および無期または3年以上の懲役（被害者が死亡した場合）とおのおの定めており、いかなる場合であっても公訴時効は10年を超えることができない77)。したがって、韓国で発生した拷問事件は、どんなに極悪な場合であっても、7年から10年程度隠れていれば、法律は加害者に免罪符を与えるしかない。これは正義に反し、先に述べた国際的な原則とも合致しない。

　反人道的犯罪は時効を適用しないとすることが国際的慣行であるからには（国際慣習法的地位を得たかどうかに関しては論争もあるが）、韓国の国内法もこれらの犯罪の構成要件化と共に時効不適用の原則を宣言すべきである。また、内外に反人道的犯罪に対する処罰の意思を明確に表明するという意味で、1968年の時効不適用条約にも加入すべきである78)。

　問題は、反人道的犯罪の範疇に入らない国家権力による反人権的犯罪行為の場合であるが、この場合は、先に述べたとおり、原則的にその犯罪類型は反人道的犯罪とは区別されるのであるから、公訴時効についても両者を同一視することはできないであろう。しかし、国家機関による反人権的行為は往々にしてそのことの存在が隠蔽されかねないので、最小限の事実が明るみに出るまでは公訴時効は停

---

75) ただし、1995年に制定された憲政秩序破壊犯罪の公訴時効等に関する特例法によると、憲政秩序破壊犯罪と集団殺害罪の防止および処罰に関する条約に規定された集団殺害罪に対しては、公訴時効を排除している（3条）。しかし、憲政秩序破壊犯罪というのは、同法2条によると、刑法上の内乱および外患罪そして軍刑法上の反乱および利敵罪すべてを指しているが、このような犯罪に対して公訴時効排除を定めているのは国際法的に見て先例を見出しがたく、きわめて国家主義的な考え方であるといえる。
76) 本書「国際人権と韓国の人権」注14）参照。
77) 刑事訴訟法249条がこれを規定しているが、これによると死刑に相当する犯罪の公訴時効は15年、無期刑に相当する犯罪は10年、長期10年以上の懲役あるいは禁錮に相当する犯罪は7年である。

止されると宣言することが必要である。それだけでなく、韓国の公訴時効制度は、国家的犯罪行為に対してもその時効が短すぎる。したがって、公訴時効の停止問題とは別に、その期間を延長することも考慮すべきである79)。

(4) 不処罰の問題

韓国の刑事法では、いかなる反人道的犯罪を犯したとしても、刑法上の仮釈放制度や恩赦法上の大統領の恩赦等により、司法府の刑の宣告が無力化されることがある。これは、反人道的犯罪は必ず処罰されるべきであるという不処罰禁止の原則と適合しない。したがって反人道的犯罪に対しては、「仮釈放なしの刑の宣告」のような制度を作る必要があり、検事の起訴便宜主義の例外を定めなければならない。さらに恩赦法等に恩赦の例外規定を設け、大統領の政治的判断により反人道的犯罪人を早期恩赦することがないようにしなければならない80)。

(5) 被害者に対する適切な救済

韓国の法律では、仮に反人道的犯罪(あるいは拷問のような国際条約上の犯罪)が認められるとしても、被害者が加害者に対して民事上の損害賠償を請求する場合、除斥期間(3年あるいは10年)81)の制限を受けざるをえない。したがって反

---

78) 時効不適用条約に加入すれば、国内で反人道的犯罪に対する特別法を作ったり、それと関連した特別な原則を定立したりするのに役立つであろう。それは、同条約が直接的にそのような手続や原則を締約国に要求するからである。つまり、同条約4条は、反人道的犯罪等に対し、各国の憲法上の手続に従って時効を適用させないか、それとも時効制度を廃止することを要求している。同条文をを紹介すると、以下のとおりである。「本条約当事国は、時効又は他の制限が本条約第1条及び第2条にあげられた犯罪の訴追及び処罰に適用されないこと、及びそのような制度がもし存在すれば廃止されることを確保するために必要な立法または他の措置を、それぞれの憲法上の手続きに従って、とることを約束する」。
79) アメリカの場合、死刑宣告が可能な犯罪は公訴時効を適用しない。つまり、US Code, Title 18, Sec. 3281によると「いかなる犯罪でも、死刑が可能であれば、制限なくいつでも起訴が可能である」と規定されている。しかし、我が国で他の犯罪との衡平を維持し、現在の公訴時効の根幹をそのまま保持するならば、拷問事件の場合、被害者が死亡に至った場合には、反人道的犯罪に準ずるものと見て時効不適用原則を適用し、そうでない場合は法定最長公訴時期間である15年を適用するのが妥当ではないかと思う。
80) もちろんこのような制限規定は、次の立法論で述べる「反人道的犯罪に関する特別法」等にも規定することができると思う。
81) 民法766条は、不法行為による損害賠償請求権の消滅時効を規定しているが、これによると請求権は損害および加害者を知った日から3年あるいは不法行為があった日から10年間行使しないと消滅する。

人道的犯罪を立法化する場合、当然この期間制限規定も改正する必要がある。一般に不法行為による民事損害賠償の時効（除斥期間）は、外国の場合も10年を超えることは稀であるが[82]、反人道的犯罪に対しては、被害者が生きているかぎり時間と関係なく救済を受けるのが当然であるので、被害者本人の損害賠償請求は時効の対象にならないとすべきだろうと思う。

そして、反人道的犯罪により死亡した被害者の遺族の損害賠償請求の場合は、権利行使が可能になった時点から少なくとも10年間は時効で消滅することはないとしなければ、遺族に対する最低限の権利救済にはならないであろう。

また、反人道的犯罪の範疇に入らない国家権力による犯罪の被害者やその遺族の民事上の損害賠償請求権も、反人道的犯罪の場合と別に取り扱う必要はないと思う。これは拷問等禁止条約上の被害救済に関する規定の趣旨に照らしてみてもそうである[83]。

(6) 立法論

それならば、上記のような内容をどのような方法で韓国の法体系に導入することができるであろうか。筆者は2つの特別法（たとえば、「反人道的犯罪に関する特別法」や「拷問犯罪などに関する特別法」）が制定されるべきであると考える。それは、上に述べたように、反人道的犯罪とその範疇に入らない犯罪は概念のうえで分離するのが妥当であり、それによって法律の内容が違ってくるからである。

しかし、立法の現実から見るとき、2つの法律を一度に作るということは容易なことではなさそうである。それで次善の策として、2つの特別法を単一の法律（反人道的犯罪等に関する特別法）に統合し、その制定を進めるという方法のほうがか

---

[82] アメリカの拷問被害者保護法（Torture Victim Protection Act of 1991）は、拷問被害者が拷問加害者に対し訴訟を提起できる最長期間として10年を定めている。Sec. 2. (c) Statute of Limitation.

[83] 拷問等禁止条約14条1項は、非常に具体的な内容を盛り込んでいる。「締約国は、拷問に当たる行為の被害者が救済を受けること及び公正かつ適正な賠償を受ける強制執行可能な権利を有すること（できる限り十分なリハビリテーションに必要な手段が与えられることを含む。）を自国の法制において確保する。被害者が拷問に当たる行為の結果死亡した場合には、その被扶養者が賠償を受ける権利を有する」。この条文で見るように、拷問等禁止条約で要求している拷問被害者に対する被害救済の内容は第1に、公正かつ適切な賠償を受け取ることのできる実効的な権利が与えられること、第2に、拷問被害者に対する完全な社会復帰が保障されること、第3に、拷問による死亡の場合は、その被扶養者にまで損害賠償が与えられること、等である。

えって現実的な方法になるだろうと思う。

　一方、既存の法律の改正を通じて、上記の反人道的犯罪に対する概念や諸原則を宣言する方法も考えられるであろう。もしこのような方法を選択するとしたら、刑法、刑事訴訟法、恩赦法、犯罪人引渡法、民法、国家賠償法、などの改正が必要となる。しかしこの方法は、既存の法律のあらゆる所に手を加えなければならないため、手続的に複雑で難しい作業になるであろうから勧められない。

(7)　国際刑事裁判所規程の批准

　1998年7月、ローマ会議を通じて国際社会は常設の国際刑事裁判所を設置する機会を持つようになった。この裁判所の設置の意義は、反人道的犯罪に対して国際社会が共同で対応し、処罰しようというものである。ローマ会議は条約の形の設置規程を作り、この4年間各国の署名および批准を受けてきた。そしていよいよ2002年4月、ローマ規程の発効要件である60カ国以上の批准が済み[84]、2002年7月1日、待望の出発をした。

　韓国政府は、このローマ規程に2000年3月に署名をし、2002年11月に国会の同意を経て批准した。そして韓国人の宋相現（ソンサンヒョン）教授が初代裁判官に選出され、この裁判所において先導的な役割を果たす橋頭堡を作った。今、韓国は、国際社会に反人道的犯罪など国際犯罪に対する強い解決の意思を示すためにも、この条約の管轄犯罪を国内でも処罰できるように国内法令を整備しなければならない[85]。このような過程を通して、反人道的犯罪の国内的受容が積極的に論議されるようになるだろうと思われる[86]。

---

84) 2002年4月11日付でローマ規程の批准・加入国が60カ国を超えた。その日、ニューヨークの国連本部ではそれを祝う行事が開かれた。
85) それはローマ規程が、管轄犯罪の処罰に関して、いわゆる「補完性の原則」をとっているからである。すなわち、ローマ規程で処罰する犯罪については、第一次的には締約国の国内法制度により処罰されることが要求されている。
86) もちろん韓国がローマ規程を批准すれば、その実施法を制定するのが望ましいと思う。その実施法を制定する場合、内容は大きく2つになるだろう。1つは、ローマ規程の管轄犯罪に対する国内での処罰の問題であり、もう1つは、国際刑事裁判所への協力義務である。したがって、反人道的犯罪に関する特別法がローマ規程のすべての内容を含める形で制定できるなら、上記の実施法の内容は主に国際刑事裁判所への協力義務を規定する実施法になるだろう。

9. おわりに

　筆者は本稿で、国際社会において一般化された反人道的犯罪の概念とその犯罪に対する国際的原則、そしてその犯罪概念を韓国の法制度に導入する場合の方法論について見てきた。人権蹂躙の辛い歴史の経験をした我が国民が再びそのような前轍を踏まないためには、国際社会が人類共通の敵とみなし概念化した反人道的犯罪を国内法として受容する努力が必要であることはいうまでもない。

　イギリスでピノチェトをめぐる裁判が進められていたとき、韓国のマスコミもこれを興味深く取り上げていた。しかしその内容を読んでみると、それはただ国際ニュース以上の価値はなかった。それの持つ国際人権法的意味あるいは反人道的犯罪をめぐっての国際社会の深刻な議論過程はほとんど省略された。学者の間でも、国際社会のホット・イシューである反人道的犯罪の処理については、まだこれといった研究がなされていないようである。

　そんな状況だから、国家権力による反人権的行為が明るみに出る度に、人々はそれを全部「反人道的犯罪」だとして処罰を要求する現象が起きているのである。いくら処罰の妥当性が認められるとしても、国際社会において通用しない原則を分別なく強要するということは、法律家としてはそのまま見過ごすことができない。国際社会において一般的に用いられている「反人道的犯罪」を正確に理解し、それに対する国際的義務を果たすことが必要であり、さらに我が国で起こっている特殊な類型の犯罪（反人道的犯罪でない国家権力による反人権的行為）に対しても適切に対処できるようにする努力が必要である。本稿が、反人道的犯罪に対する正しい理解ならびに私たち韓国の問題の解決に一助となることを期待する。

韓国の難民認定制度の
問題点と改善の方向性[1]

 難民問題は人権問題である。だから難民認定手続は、人権を尊重して扱わなければならないのが国際的な流れである。
 しかし韓国では、不法滞在外国人を摘発して処罰したり追放処置をとる部署（出入国管理局の滞留審査課）が難民認定の実務も担当しているため、難民の人権が十分に尊重されにくいシステムになっている。
 本稿では、まず海外の制度を概観し、続いて韓国の難民認定制度の問題点を指摘するとともに、改善のための提言を述べたいと思う。

1. 諸外国の制度[2]

(1) 日本

 日本の制度は、韓国とほぼ同様である。日本も、韓国の出入国管理法のような「出入国管理及び難民認定法」によって難民認定業務を法務省の入国管理局が取り扱っているし、具体的な実務は同局の中の難民認定室が担当している。
 まず、難民申請事件が地方局（全国8カ所）に入ってくると、地方局は申請者を調査して、難民認定室に事件を送る。そして認定室は、追加の調査と関係機関への問合せを終えた後に認否を決定する。この過程で、入国管理局、法務省の他の部署および他の省庁の公務員で構成される難民認定諮問委員会が諮問を受ける。

---

1) 筆者は現在法務部（日本の法務省に該当）の難民認定協議会委員であり、民主社会のための弁護士会（民弁）の難民法律支援委員会の委員長として活動している。本稿は、2003年5月、法務部の招請で、筆者がここ数年間難民支援活動を行って発見した問題点を解決するための提言をまとめたものである。ただし、2003年末の統計によって修正加筆した。
2) 以下の内容は、Danish Refugee Council, Legal and Social Conditions For Asylum Seekers and Refugees in Western European Countries, May 2000 <http://www.flygtning.dk/publikationer/rapporter/legalandsocial/indh/index.php>と、筆者がこの稿を書くためにUNHCRと日本の弁護士から提供を受けた資料を参考にした。

この委員会は、韓国の難民認定協議会と一見似ているが、実質的な権限はほとんどなく、具体的な事件に対する意見交換をする程度にすぎないという。

さらに異議申出手続は、韓国と同じく、別途、異議審査を行う機関がなく、同じ機関が元の認定手続をもう一度繰り返すにすぎない。

このような日本の制度に対して、国連難民高等弁務官事務所（UNHCR）の関係者や日本の人権専門家たちは、難民認定手続が閉鎖的で独立性がなく、出入国管理の視点から難民問題が処理されていると指摘して、認定手続の早期の改善を要求している[3]。

(2) アメリカ

従来アメリカでは、難民認定事件を担当するのは、移民帰化局（INS）[4]の庇護審査局[5]と移民審査局（EOIR）であった。移民審査局には移民に関連する事件を担当する準司法的な機関[6]として2つの重要な機関があり、1つは主任移民審判官部、もう1つは、移民不服審査委員会（BIA）である。INSはいわゆるAffirmative asylum事件[7]を、移民審査局はDefensive asylum事件[8]を担当する。

異議申請は、すべてBIAで処理され、独立した移民審判官によって事件が審査される。

(3) ドイツ

ドイツの難民認定業務は、一般的な出入国管理業務や難民業務を担当する部署ではなく、独立性の高い行政機関である難民認定事務所（Federal Office

---

[3] 日本では難民条約に加入した1982年以降2000年までに2,179件の難民申請があり、そのうち260件を認定した。しかし1998年以降の認定は毎年15〜20件である。
[4] INSは、最近9.11テロ事件以降、国土安全保障省傘下として吸収されて、組織が改編されている。しかし難民申請手続においては、大きく変わったことはないという。
[5] 最近の統計を見ると、INS本部には、難民担当官が約650名おり、このうち審査担当は340名あまりだという。
[6] 元来、移民関係異議審査はINSが担当していたが、1983年から司法省所属のEOIRが別に作られ、専門的に独立性を持って事件を処理している。
[7] これは、申請者が自発的にアメリカに難民認定申請をした事件をいう。申請者の法的地位とは関係がない。
[8] これは、申請者が不法残留者として退去強制される状況で難民申請をした場合をいう。この事件はEOIRの主任移民審判官部が担当する。

for the Recognition of Foreign Refugees, "Bundesamt fur die Anerkennung auslandischer Fluchtlinge") が担当する。

　この事務所で一次的な難民認否を行い、申請を棄却する場合には、行政機関内の異議申出手続ではなく、行政裁判所（"Verwaltungsgericht"）での不服申立訴訟が可能である9)。

(4) スイス

　スイスは、独立性の高い連邦法務省の行政機関である連邦難民事務所（Federal Office for Refugees) 10) が難民認定業務を担当する。まず、中央登録センターに難民申請があると、各州に事件を配当する。そして、各州で申請者にインタビューを行って事実を調査し、連邦難民事務所に送る。最終決定は、この連邦難民事務所が行う。

　連邦難民事務所が棄却決定をした場合は、30日以内に庇護不服審査委員会（Asylum Appeal Commission, "Schweizerische Asylrekurs-kommission"）に異議申出を行うことができる。この委員会は独立した機構で、連邦評議会（Federal Council）で任命する委員（全員が裁判官）で構成され、5つの部からなる。1つの部は通常4～5名の委員（総勢23名の委員）で構成される11)。

(5) オーストリア

　オーストリアでは、一次的に難民認定業務を担当するのは内務省の中の連邦難民事務所（Federal Asylum Office）である。ここでは、法律家あるいは専門的に訓練を受けた公務員によって難民認否が行われる。

　異議申出の審査は、35名の専門家（通常、法律家）によって構成される独立連邦庇護審査委員会（Independent Federal Asylum Review Board）が担当する。ここの委員たちは任期が終身であるため、完全な独立性が保障されている12)。

---

9) 1999年の場合、135,504件の申請について判断されたが、この年に認定されたのは4,114件で、約60％に近い申請が棄却された。残りの事件に対しては、暫定的に地位を認定（たとえば人道的地位認定）するなどの決定をした。
10) 現在、この機関の人員は約670名である。
11) 1999年の場合、スイスは難民として2,050名を認定し、25,555名に対しては人道的な地位を認定した。
12) 1999年の場合、オーストリアは、難民として3,393名を認定した。

(6) **イギリス**

　イギリスは上記のヨーロッパ諸国とは違い、難民認定業務は基本的に移民局(入国過程で申請する場合)や内務省の難民担当局(国内滞在中に申請する場合)が行う。したがって、独立性は他のヨーロッパ諸国に比べて低いと思われる。

　異議申出は、専門機関である難民不服審査機関(Immigration Appellate Authority)が担当する。この異議申出の結果に対して不服がある場合には、司法機関である難民不服審判所(Immigration Appeal Tribunal)に申立を行う[13]。

(7) **ニュージーランド**

　ニュージーランドは、1990年に制度を改革し、1991年に移民局の中に難民地位課(Refugee Status Branch: RSB)と難民地位不服審査機関(Refugee Status Appeals Authority: RSAA)を創設した[14]。難民地位課は移民局内にあるが、入国管理部分の職員とは交流がなく、専門性を重視して主に外部から人材を公募し、弁護士資格を持つ専門家が職員に多く任命されている。現在、難民地位課には、70名あまりの職員が勤務しており、3つの事務所を持っている。認定手続は、難民地位課の専門係官(通常、弁護士資格を持っている)が直接聴取を行い、決定する[15]。

　不服手続は難民地位不服審査機関が担当するが、この機関は委員長1名と2名の副委員長、3～4名の上級委員、9名の常勤委員で構成されている。委員はすべて法律家のなかから選出されるが、国際法、憲法および行政法に精通していなければならない。難民地位不服審査機関は、不服を申し立てた者に再度聴取を行って決定する。事案によっては2～3人の委員が合同で調査を行うこともある。

　それに対してさらに不服がある場合は、高等裁判所が管轄権を持つ。

---

13) イギリスは毎年数千名の難民を認定する。1999年の場合、7,075名を条約難民として認定した。
14) このほかにも、難民割当課(RQB: Refugee Quota Branch)があるが、ここは、UNHCRが国外で認定した難民(Mandate Refugee)を一定数受け入れる機関である。ニュージーランドは毎年約750名ぐらい受け入れている。
15) 興味深いのは、担当委員は、聴取が終わったあと報告書を作成し、決定前にこれを当事者に送付するということである。当事者はその報告書に対して自分の意見を述べることができる。その後にRSBは最終的な決定をする。

(8) 諸外国の難民制度の分析

　ヨーロッパと同じく難民申請の多い国々では、たいてい政府内に難民認定を専門に担当する部署（通常、専門家が集まっている）があり、ここで一次的な難民認定業務を行う。そして、そこで不認定とされた申請者が異議申出を行う場合は、独立した準司法機関（スイスの場合は委員が全員裁判官）が、その業務を行うことがほとんどである。以後の手続は国によって少しずつ違うが、イギリスでは難民不服審判所に、スウェーデンでは司法機関である最高行政裁判所に引き継がれる。

　要約すれば、アメリカを含むヨーロッパ諸国の全般的なシステムは、「専門的な行政機関（一次審査機関）による認否」→「準司法機関（2次審査機関）による異議申出審査」→「司法的救済（専門裁判所あるいは一般裁判所）」ということができる。

2.　韓国の難民認定手続の問題点

(1) 矛盾を抱えるメカニズム

　韓国は、前述したように、出入国管理局の滞留審査課が難民認定の実務を担当しているが、一方では不法滞在外国人を摘発し、もう一方では難民を認めて国際的に保護をするということは、どう見てもおかしな制度である。このような制度の下、韓国の難民認定手続は、難民を保護しなければならないという意識よりも、どのようにすれば偽の難民を摘発することができるかという意識のほうが強いようである。難民条約に加入して10年を過ぎたにもかかわらず、14人（2003年末現在）の難民しか認定していないことは（それも最近になって）、まさにこのような根本的なメカニズムの問題に起因していると考えられる16)。

(2) 難民認定協議会の専門性と法的地位の欠如

　現在、韓国の難民認定手続は、地方出入国管理事務所が事実調査を行って報

---

16) 2003年末までに、韓国は14名の難民を認定した。韓国政府は2001年最初に難民1名を認定し、2002年末および2003年に13名を認定した。このように、最近になって韓国政府が難民認定に対して積極性を見せているのは次の理由からである。①韓国政府がこの間、国際社会から難民認定に消極的であると批判を受けていたため。②難民認定手続に民間の専門家が関与し始めたため。2002年から難民認定手続で決定的な役割をしている難民認定協議会およびこの実務協議会にそれぞれ4人の民間専門家（弁護士、学者、人権活動家、赤十字社代表）が参加しているが、彼らの発言権が優先されているのは事実である。

告書を法務部に送り、滞留審査課がこれを整理した後、難民認定実務協議会と難民認定協議会を開いて審査を行うことになっている。難民認定協議会（実務協議会を含む）が、事実上、難民認否を決定する機関である。

　ところが、その法律上の地位は、法務部令である出入国管理法施行規則上の根拠を持っているというだけで、その構成員は関係公務員が中心であり（施行規則67条の2によれば、委員長は法務部次官であり、委員は法務部の法務室長、出入国管理局長、外務部の国際連合局長と関係機関公務員および関係専門家のなかから法務部長官が任命または委嘱する者とするとなっている）、最終的には法務部長官の判断により決定を下せるようになっている。

　元来、難民認定協議会と実務協議会の委員は、それぞれ政府部署の局長級公務員と課長級公務員に委嘱されていたが（会議はほとんど招集されなかった。書類の回覧で会議の代わりとした）、2002年に初めてそれぞれ3人の民間人（大学教授、弁護士、民間団体代表）が参加するようになった。しかし、これらの協議会に参加する公務員のほとんどは、難民問題の専門家ではない。さらに構成員のなかには国家情報院と警察庁所属の公務員もおり、彼らは属性上、難民問題を人権問題として考えておらず、国家安全保障的あるいは治安維持的な視点で業務を行っているように見える。果たして彼らが難民認定協議会の構成員として適任であるのか、はなはだしく疑問である。

(3)　難民政策立案のための専門部署の不在

　現在、韓国で難民政策を立案することができる部署は法務部であるが、その内部の事情により外部専門家や人権団体あるいは、国際的な難民機関との協力を通じて難民政策を立案できるシステムは、まったくないように見える。難民認定協議会があるが、最近になって何回か会議を開いただけで、それまでは会議すら定期的に開かなかった。このことよりこの協議会は、その構造上難民政策を策定し難民実務を指導する実務ガイドラインを作り出す専門的な機関ではないということは、明らかである。

(4)　専門職員の能力・人数の不足

　難民認定手続で最も重要な手続は、担当公務員によって行われる難民申請者に対する事実調査である。しかし、これを扱うことのできる公務員の数が絶対的に不

足している。1～2名がソウル出入国管理事務所と出入国管理局の滞留審査、そしてすべての難民事件の事実調査を担当しているといっても過言ではない。それだけでなく、実務公務員の専門性（語学能力と国際難民法などの知識）は、他の国に比べて相対的に落ちるとの評価を受けている。

(5) 有名無実の異議申請制度

現在、難民申請者が難民認定棄却を受ければ、通知書を受けた日から1週間以内に異議申請を提起できるようになっている。しかし異議申出手続は、最初の認定手続と同一であり、不服申立としての意味が事実上はない[17]。上で見たヨーロッパ等の異議審査手続とは大きな差があることがわかる。元の手続とまったく同じ手続で異議審査が進められるとき、果たして難民申請者たちがこれに承服することができるのか。

(6) 難民を受け入れるための環境の不整備

今まで難民認定手続が進行中の申請者に対する処遇は、彼らを国外に追放しないということ以外にはどんな社会的支援もまったくなかった[18]。さらに法律は難民として認定された者をどのように保護するのかに関しても沈黙している[19]。

難民条約が要求する各種の保護義務を現実化する制度が切実に必要とされている。

---

[17] 最近知られたところによると、法務部は少し前から、難民認定申請を実務協議会で棄却すればそれで一次審査を終了し、申請者の意思により認定協議会から異議申出手続を進めるという。反面難民認定申請を実務協議会が認める場合には、認定協議会の審査をもう一度受けるという。しかしこのような手続は、実務協議会が単に認定協議会の作業部会でしかないと考えたときに果たして難民認定申請の一次審査機関としての地位があるのかどうか疑わしい。さらに、実務協議会で認定した事件を認定協議会が覆す場合には、異議申出手続はどのようにするのかが問題である。とてもおかしい構造であると考えられる。
[18] 2003年の1月に難民として認定されたミャンマー（ビルマ）人のLさんは、長期間、腎不全で苦労をしてきた。2年あまりの難民認定手続の過程で医療保険を受けられず、相当の治療費を民弁等が募金活動をして支払った。
[19] 最近になって、法務部は、難民認定を受けた者に対して関連法を最大限活用して医療保険制度を利用するか、最低生計費の支給を受けるようにする努力をしている。これは、高く評価すべきことである。

3. 難民認定制度の改善のための政策提案

　上述したヨーロッパ各国のように難民認定制度を変えることができたならこのうえない。しかしこのような制度を作ることは、現段階では非現実的であると考える。難民申請の件数がまったく違うし、人的、物的資源がそれらの国に比べてとても不足しているからである。したがって、諸外国の制度の長所は念頭に置きながら、韓国に合った制度を作る必要がある。
　以下では、私の考える改善のための提言を述べたい。

(1) 専門的で独立した難民認定機関の設立
1） 難民認定委員会の設立
　現在の難民認定協議会と実務協議会は廃止し、法務部傘下に独立した準司法機関の性格を持つ難民認定委員会を設置する。
①委員会の機能
・難民申請事件の認否の決定。
・不認定処分の異議申立担当。
・難民政策の審議。
・難民認定実務の指導および監督。
・その他難民実務および政策に関する事項。
②委員会の組織および構成
・委員会は、委員長を含む13人以下の委員で構成する。
・委員は専門家（公務員、弁護士、裁判官、大学教授、人権団体の代表者のなかで国際法、とくに国際人権法および難民条約などに造詣が深い者）から法務部長官が任命し、委員長は法務部長官の推薦で大統領が任命する。
・委員会は4つの部を持ち、3つの部は一次認定機関で、1つの部は異議申出担当部（不服審査部）とする。1つの部は3人で構成する。
③委員会の活動方法
・難民認定手続は、部に分けて処理を行う。
・申請者は法務部難民認定室（後述）に申請書を提出し、認定室は申請者に対して基礎調査を実施する。
・基礎調査を終えたのち事件を委員会の部に配当し、部は期日を決めて申請者を

聴聞するか、認否のための会議を開催する。
・不服審査部は、不認定処分に対して異議がある場合、異議審査手続を進行する。異議申出は、司法判断の必要的前置手続とする。
・司法判断はソウル高等法院の専属管轄に置く。
・難民申請の認否を決定すること以外の事項(たとえば難民政策の審議など)は、原則的に委員会の全体会合で審議し、必要に応じて小委員会などを設置する。

2) 難民認定手続を担当する実務部署：難民認定室の設置
　上の難民認定委員会を実務的に補佐し、難民申請者および認定された者の支援を担当するために、法務部に難民認定室を設置する。認定室は出入国管理局ではない法務部の人権担当関連局の傘下に置くか、出入国管理局が担当するとしても現在の滞留審査課から独立して別の部署として設置されなければならない。
①認定室の機能
・難民申請の受付けおよび基礎調査。
・委員会の各部の活動の支援。
・難民申請者および認定された者に対する支援および関係部署間の調整。
②認定室の構成
・初期段階では、最小単位で構成するとしても5人以上はいなければならない。
・英語が堪能な者と法律学専攻者を優先的に選抜するか採用する。
・早い期日内に国際難民法などの専門知識を習得し、とくに申請者に対する面談調査方法を熟練できるように配慮する(UNHCRが施行する研修プログラムに積極的に参加)。

(2) **難民申請者および認定された者の生活保障の整備**
　難民申請者に対して必要な場合、臨時に生計維持費を支援するか医療保険の適用などがなされなければならないし、認定された者に対しては、彼(女)らの安定した生活のためにより体系的な保護(住居、就業、教育問題など)が必要である。
　現在の関連法令は、医療保険、最低生計費などの補助をするにおいては完全ではないが、関連機関との協力さえあれば難しいことはない(詳しい内容は、後述「4. 難民申請者と認定された者の処遇に関する現行法令の積極的解釈」参照)。今後作られる難民認定室の積極的な活動が期待される。それだけでなく、難民申請者

や認定された者たちは、多くの場合が、政治的問題に関する反対者なので、彼(女)らが韓国の国内政治に介入することなく出身国に対する政治活動ができるように保障しなければならない。ひいては、難民として認定されなくても、強制送還すると人権侵害を受ける可能性がある場合には、積極的に人道的地位を認め、これに対してしばらくの間特別な処遇ができるようにしなければならない。

(3) UNHCRとの協力

UNHCRは国際的な難民機関であり、難民条約の締約国はUNHCRと協力する義務を負う。それだけでなくこの機関は、全世界に事務所を設置していて、難民に関する最も正確な情報を求めることができる。現在、この機関のソウル事務所が設置されている。今後、政府の新しい難民認定委員会は、この機関との協力関係を法的義務で定着させる必要がある（たとえば「難民認定委員会が難民認否を決める際にはUNHCRの意見を聞かなければならない」というぐらいの立法化が必要である）[20]。

(4) 関連法令の整備

上記のような難民認定制度に改善するためには、現在の出入国管理法を改正するか施行令あるいは施行規則を改正することだけでは不十分であり、独立した「難民認定および難民の処遇に関する法律（仮称）」を作る必要がある[21]。

この独立した法律の制定作業が早急には難しければ、暫定的にでも施行規則を直して、次の事項を緊急に施行する必要がある。まず、難民認定実務協議会と認定協議会の構成員を専門家中心に変えなければならない（少なくも50％は民間から登用すべきで、国家情報院と警察庁などから採用すべきではない。これらの機関とは情報提供の協力関係を持てば足りる）。次に難民認定室を作り、業務を統合して専門的な力量を強化しなければならない。

(5) 「難民認定制度改善委員会」の設置

上で言及した「難民認定および難民の処遇に関する法律」を制定し、難民認定

---

[20] このために、UNHCRの担当者が法務部の難民認定手続にオブザーバーの資格で参加する必要がある。
[21] 難民制度が発展している外国では、大部分が独立の難民関係法を置いている。

手続を改善するために、「難民認定制度改善委員会」を設置することを提案する。

　この委員会は難民関連専門家（弁護士、大学教授、人権関連専門家）と政府の関連公務員で構成され、一時的に運営しながら、上の事項を本格的に論議しなければならない。

4. 難民申請者と認定された者の処遇に関する現行法令の積極的解釈

(1) 在留資格

　2002年4月18日付で出入国管理法施行令が改正されるまでは、難民に関わる在留資格は存在しなかった。ただ、法務部の以前の指針によれば、以下のような取扱いがなされていた。難民認定申請者が合法に滞在中であれば、90日以内の在留期間延長を許可し、90日以上の長期滞在が不可欠な場合には、在留資格をG-1（期間3カ月）に変更許可するが、難民認定審査終了まで3カ月ずつ延長許可する。不法滞在者であれば、難民認否決定のときまで出国措置を留保するようにし、難民と認められた者に対してはまず訪問同居（F-1。期間1年）を許可し、3年間特別な事故なしに滞在した場合には居住（F-2）に変更許可することができる[22]。その後、出入国管理施行令改正により、難民として認められた者に対して居住（F-2）資格を与えることになった[23]。

　上のような難民関連在留資格は、次のような問題を抱えている。難民申請者の場合、適法な滞在を認められながら同時に就労することがほとんど不可能であるという事実である。たとえ特定の場合は制度的にはG-1資格を付与することができるといっても、それが適法に就労できる資格ではないためである。真正な難民の場合でも、難民認定審査が終了するまで通常何年間かは事実上不法滞在者の身分で隠れて就労活動をするしかないが、これは、難民の国際的保護として容認されにくい非人道的な処遇である。1日も早く難民申請者たちに合法滞在と就労を保障できるように、制度を改善しなければならない。

　その方法のひとつは、難民申請者に対して、滞在の合法不法と関係なく、従来の

---

[22]『難民認定業務処理便覧』(2001年) 21〜22頁。
[23] しかし筆者は、2001年最初に難民認定を受けたエチオピア人に対して法務部がF-2に資格を変更したということは、聞いたことがない。

G-1資格ではない新しいG-2資格を新設し、就労活動を許可することであろう[24]。また、難民として認定を受けた者の場合、従来F-1資格を与えていたが、就労が保障できない資格を難民に与えるのは、難民条約で定める保護の内容とは正面から背馳することである。遅ればせながら、最近施行令を改正して、難民として認定された者に対して無条件にF-2資格を与えるようにしたことは、とても肯定的な変化といえるであろう。

(2) 社会的権利

職業に携わる権利は、上の在留資格によって解決されることであるが、それ以外の基本的な社会的権利である医療や教育などについては、別途の措置を採らなければならない。現在までは、難民申請者か難民として認定された者かの区別なく医療保険をはじめとする社会保障および福祉や教育、生活補助金の支給などの支援は皆無であるのが実状である。至急に立法により改善をしなければならない分野であると考える。しかし、立法的な改善がなければ現行法の下では難民申請者と認定された者に対して最小限の社会的支援も不可能であるのか。筆者はそのようには考えない。現行法令下でも、少し関心を持って関連部署間で協力ができれば多くの問題が解決すると考える。

まず医療保険問題を見てみよう。難民申請者のなかでもG-1資格を付与された者や、難民として認定された者のなかで経済的能力のない者の場合には、医療保険の適用対象となるようにしなければならない。その方法は、現行医療給付法を活用すればできるであろう。同法3条8号は、生活維持能力がないか、生活が苦しい者として大統領が定める者は、医療保険（医療給付）の対象になると定められている。一方、同法施行令2条は、上でいう「大統領が定める者」を市長、郡守、区庁長が現実的に決めることとしている。したがって、難民申請者と難民として認定された者の医療給付に関しては、政府が少しだけ誠意を持って関連部署と協議すれば、特別に法令を整備しなくても十分に現行法下で可能であると考える[25]。

---

[24] 筆者の主張は、すべての難民申請者に対してこのような資格を与えることではない。難民申請者中で一応難民としての資格を持つと判断された者に対して暫定的な措置をしようとするのである。現在の手続でこのような判断をすることは現実的に簡単ではないので、審査の初期段階で暫定的な措置をすることができるように制度を作ることが必要である。
[25] 医療給付法は、とくに外国人に対して国籍条項による差別はしていない。

しかし、医療給付以外に国民健康保険一般に難民申請者やあるいは難民として認定された者が加入できるのかという問題に、現行法令で積極的に対処することは難しい。とはいえ、現実的には大きな問題ではないと思う。韓国の国民健康保険法は、その適用対象を「国内に居住する国民」として制限していて（同法5条1項）、外国人はどんな場合でも国民健康保険に加入することができなくなっているが、実務的には、合法に滞在している外国人のうち一定の在留資格を持っている外国人に対しては健康保険の対象として認定しているからである[26]。現在の実務では保険福祉部告示に基づき、難民として認定されてF-2資格を得られれば、健康保険の対象者になることができるが、G-1資格を受ける難民申請者はそうではない。しかしこのような問題は、保険福祉部との協議を通して解決できると考える（保険福祉部の告示の変更）。しかし本質的な解決は、追って難民に対する保護を法律等に明記することによってなされなければならないであろう。

　次に、医療保険以外の分野で生活を援助することができる方法を考えてみよう。これは、難民申請者あるいは、難民として認定された者に対して国民基礎生活保障法が適用することができるかという問題である。もし、この法によってこれらを受給権者として認定し、同法所定の支援をすることができたならば、難民に対する社会的支援として大きな意味があるはずである。筆者の考えでは、あまり大きな難しさはないと見る。なぜなら、韓国の国民基礎生活保障法は、国民健康保険法と同様の国籍条項を持っていないし、受給権者の資格をただ「扶養義務者がいないか扶養義務者がいても扶養能力がないか扶養を受けることができない者として、所得認定額が最低生計費以下である者」と定めているにすぎず、さらにこの範囲に該当しなくても「生活が苦しい者として一定期間の間……給付の全部または一部が必要であると保険福祉部長官が定めた者」と定めているので、関連当局の意思さえあれば現行法下でも十分に難民（申請者と難民として認定された者のなかで必要であると認定された者）に対してこの法を適用させることができるためである[27]。難

---

[26] 現在、外国人を国民健康保険の資格対象として見ることができるようにする根拠は、保険福祉部告示第2000-78号（2000.12.28）である。この告示によれば、健康保険資格が付与される外国人の在留資格は次のとおりである。訪問同居（F-1）資格で滞在する大韓民国国民の配偶者またはその子女、文化（D-1）・留学（D-2）・産業研修（D-3）・一般研修（D-4）・取材（D-5）・宗教（D-6）・駐在（D-7）・企業投資（D-8）・貿易経営（D-9）・教授（E-1）・会話指導（E-2）・研究（E-30）・技術指導（E-4）・専門職業（E-5）・特定活動（E-7）・研修就業（E-8）・居住（F-2）・同胞（F-4）の在留資格で国内に1年以上滞在する外国人とその配偶者および20歳未満の子女。

民が国民基礎生活保障法によって受給権者として認定されれば、生計給与住居給付、医療給付(これは別に定めるようになっているが、これがまさに上の医療給付法である)、教育給付、出産給付、葬祭給付、リハビリ給付などが受けられることとなり、経済力がない難民たちに大きな助けとなる[28]。

---

[27] もちろん国民基礎生活保障法の「国民」という単語に注目すれば、この法は私たち国民以外の外国人には適用できないといえる。しかし、外国人であっても、国内に滞在しながら韓国政府の特別な保護を受ける位置にある者に対しては、この法でとくに禁止していないかぎり法の保護対象として見るのが妥当であろう。
[28] 国民基礎生活保障法7条〜15条。

実務的立場から見た
国際人権法の直接適用[1]

1. 自由権規約9条3項と韓国の令状実質審査制度[2]

(1) 概観

　市民的及び政治的権利に関する国際規約（ICCPR〔International Covenant on Civil and Political Rights〕、以下、自由権規約）[3] 9条3項には、次のような規定がある。

　「刑事上の罪に問われて逮捕され又は抑留された者は、裁判官又は司法権を行使することが法律によって認められている他の官憲の面前に速やかに連れて行かれるものとし……」。

　これは自由権規約が、すべての刑事事件の被疑者は、逮捕あるいは拘禁後の早い時間内に裁判官に引き渡され、逮捕、拘禁の適法性や保釈の是非について審査を受けなければならないということを規定したものである。この規定は、9条4項の逮捕、拘禁された人に対し、その適否の審判を受けるための手続が保障されるという規定（「逮捕又は抑留によって自由を奪われた者は、裁判所がその抑留が合法的であるかどうかを遅滞なく決定すること……」）とは、法的性格を異にする規定

---

1) 韓国の裁判所が国際人権法を直接適用した例はまだほとんどない。しかし理論的にはそれは不可能ではない。筆者は数年前からその可能性を主張してきており、本稿ではその方法論を提示した。本稿は筆者が2002年韓国憲法学会で発表したものを、日本の読者のために原文の一部を省略して編集したものである。
2) 令状実質審査制度は、日本の刑事訴訟法の勾留質問制度と類似したものと考えていい。従来、韓国の刑事手続では、拘束令状を発付する過程で裁判官が被疑者を審問せず、検事が提出した捜査記録だけを見て令状発付の可否を決定した。1995年の刑事訴訟法改正でこの制度が導入され、1997年から施行されている。
3) 韓国では、往々にしてこの人権条約を「B規約」と呼んでいる。しかしこの国際社会ではまったく根拠がなく、便宜上日本で作られた用語にすぎない。日本では自由権規約を「B規約」、経済的、社会的及び文化的権利に関する国際規約（ICESCR〔International Covenant on Economic, Social and Cultural Rights〕）を「A規約」と呼んでいる。もしICCPRを韓国語に訳せば、同規約の主な対象権利は「自由権」といえるので、「自由権規約」としたほうがよいだろう。

であると私は考える。9条3項は、逮捕、拘禁された者に対し、国家が裁判官に一定の期間内に無条件に引致しなければならないとする「国家の義務」を定めたのに対し、9条4項は、被疑者が自分の拘禁の適否について、裁判官から一定期間内に審判を受けることのできる「被疑者の権利」を定めたものであると見るのが一般的な解釈である（したがって、これは韓国の拘束適否審査制度と同じ趣旨の規定であるといえる）。

これによって、自由権規約を締結した国家は9条3項を留保しないかぎり、被疑者を逮捕、拘禁した場合は、この条項に従って例外なく一定の時間（一般的に48時間）内に被疑者を裁判官に引致しなければならない。

韓国は1990年、自由権規約にこの条項を留保せずに加入した。韓国は加入以後1995年まで関連する刑事訴訟法を改正せず、ただ拘束適否審査制度だけを維持していたが、1995年に刑事訴訟法の改正を行い、令状実質審査制度を導入した。当時、これは自由権規約9条3項を受け入れようとした努力として理解された。しかし、厳密に見てみると、1995年の令状実質審査制度は9条3項が要求する内容とは相当な違いがあった。決定的な違いは、この制度が国家の義務として逮捕、拘禁された被疑者を無条件に裁判官に引致するのではなく、引致するかどうかを裁判官の裁量によることとしたところである。

しかし、このような制度までも、その施行により捜査上の支障を招き、拘束適否審査制度と重複する不必要な制度であると捜査機関が主張することによって、1997年に再び改正される運命を迎えた。この改正のポイントは、令状実質審査の可能性を減らすため1995年の令状実質審査方法に被疑者の要請という要件を入れた点である。したがって現在の令状実質審査は、被疑者の要請があり、判事がその必要性を認定する場合にだけ、審査が許容されることとなっている。この点、自由権規約9条3項とは明らかに違うものである。

(2) 想定されるケースと自由権規約の直接的適用

1) ケース1：裁判所が直接適用した場合（1995年の時点で）

ある日、令状担当裁判官Aは、ある事件（被疑者はすでに検察により緊急拘束されている）で令状発付を決定するためには被疑者に対する審問が必要であると思った。A裁判官は、令状を請求した検察官に、被疑者の審問日を指定して通報した。しかし検察官は、令状発付の際の被疑者審問は刑事訴訟法に定められてい

ないとし、被疑者の身柄を引き渡さなかった。そこでＡ裁判官は、被疑者の審問なしの令状発付は自由権規約９条３項に違反するということで、令状を却下した。

2) ケース２：被疑者あるいは弁護人が直接適用した場合（現在の時点で）
　強盗容疑で緊急逮捕されたＢは、警察で取調べを受けている途中、令状実質審査を受けるかという捜査官の質問に、その意味をまともに理解できず審査（判事による被疑者勾留審問）を放棄した。その後、検察官は同人に対する令状を請求し、裁判官は被疑者を審問することなしに令状を発付した。この事件を受任したＣ弁護士は、自由権規約９条３項が被疑者の意思にかかわらず締約国に定められた義務であることに着目し、Ｂに対する拘束は自由権規約違反であると思量した。
　これについての弁護人の主張は、次の２とおりが考えられる。
　①Ｃ弁護士は拘束適否審査を請求し、Ｂに対する拘束が自由権規約に違反するものであり、その違反は法律違反と同一であるとして、Ｂの釈放を主張する。これは、Ｃ弁護士が自由権規約の効力を、これと相容れない刑事訴訟法の効力より優位にあると見た場合にとる考え方である。
　②Ｃ弁護士は拘束適否審査を請求すると同時に、刑事訴訟法201条の２第１項（令状実質審査制度）について違憲審査請求を行う。その理由は、自由権規約９条３項は、韓国憲法の令状主義を補充するもので、同条項の違反は結局憲法上の令状主義に違反することになるからである。この場合、自由権規約は法律と同一の効力を持つので、後法優位の原則が適用されるかぎりは、自由権規約は、後に改正された刑事訴訟法より決してその効力において優位にあるとはいえないことから、上記①の主張は選択できず、代わりに自由権規約の基本権規定は韓国の憲法の体系の下で憲法上の権利を解釈したうえで補うものと見るのである。
　②の場合、裁判所がＣ弁護士の申立を受け入れれば、当該裁判所が直ちに憲法裁判所に違憲提請し、これが棄却されればＣ弁護士が憲法訴願[4]を提起するこ

---

[4] 韓国の憲法裁判所は、次の事項を管掌する。①法院の提請による法律の違憲審査、②高級公務員の弾劾審判、③政党の解散審判、④国家機関や地方自治体の間の権限争いに関する審判、⑤憲法訴願に関する審判（憲法裁判所法２条）。憲法訴願は、２つの方法で実現される。１つは、国民が公権力の行使・不行使により憲法上の基本権を侵害されたとき、他の救済手続をすべて経た後、憲法裁判所に直接その救済を請求する場合であり、もう１つは、裁判所に係属中の事件で訴訟当事者が事件の前提になる法律の違憲審査を求めたが、それが受け入れられない場合、憲法裁判所に直接、法律の違憲審査を請求する場合である。

ととなろう。

2. 国際人権法の直接適用のために解決すべき問題

(1) 人権条約の自動執行力あるいは直接効力について

まず、国際人権法（なかでも人権条約）を直接適用するためには、同人権条約がいわゆる自動執行力を持つ（self-executing）か、あるいは直接効力（direct effect）を持たなければならない。人権条約が自動執行的でなければ、その条約が直接国内事件に適用される可能性はなく、適用の前提として国内立法がなされなければならない。

韓国憲法6条の解釈によると、国際条約は一般に国内立法による編入手続なしに直接適用される可能性がある。しかし、それはある特定の条約の自動執行力あるいは直接効力を直ちに保証するものではない。条約が直接適用されるかどうかは、条約の形式や内容、そしてその条約に加入する国家の意思によって具体的に判断されるべきである。そのような面で条約の直接適用可能性（direct applicability）と自動執行力（直接効力）とは、明らかに概念上において違いがあることを認めなければならない。直接適用可能性は、国際法の国内的効力を認めるか否かという政策的問題である。一方、自動執行力（直接効力）は、直接適用可能性を認めたうえで、ある国際法が国内立法などの措置をとらずとも、もっぱら条約のみを根拠として裁判を行うことができるか否かという個別具体的問題である。

そうであれば、人権条約に自動執行力（直接効力）があると認められる場合とはどんなときであろうか。まず、条約の内容と形式が直接に個人の権利を創設することをめざしているということが認められなければならない。これ以外にも、条約締結過程で加入国がどのような意思を明示したかによって違ってくることがあるが、アメリカ法律協会「アメリカ対外関係法第3リステイトメント」111条は、自動執行力が認められない場合につき次のようなガイドラインを提供している。

①条約が国内立法なしには効力を発生できないとか、国内法にはなれないと、その意図を宣言している場合[5]。

[5) 自由権規約は、このような意図を明らかにしていないばかりか、かえって条文の表現方法は、個人に直接に権利を創設するものであると見ることができる。

②上院で特定条約に同意する過程で、あるいは議会の決議によって国内立法を要求する場合[6]。

③国内立法が憲法上要求される場合[7]。

　上記のような基準で見たとき、国際人権規約、なかでも自由権規約が韓国の憲法上、自動執行力を持つと解釈するのは難しくないだろう。権利を宣言している方式と内容が、直接に個人の権利を創設することを目的にしていると見ることができ、同規約に加入する過程で韓国の国会は、この規約の自動執行的性格を否定しておらず、また、韓国の政府も特別にこのような内容を対外的に宣言したこともないからである[8]。もちろん、このような条約を国内で適用するためには、必ず国内立法が必要であると憲法が要求しているとはいえない。

　しかし、自由権規約が一般的に自動執行的条約であるとしても、そのすべての条項が自動執行的であるとはいえない。そもそもある条約が自動執行的であるかどうかは、具体的な条項をひとつひとつ確かめて決めるべきであり、条約全体を一律に判断してはならない。

(2) 国際人権法と国内法規範との関係

　上で見たとおり、国際人権法が国内で直接適用される過程での大きな問題は、国際人権法と国内法との相容れない関係である。この問題が解決されなければ、国際人権法に韓国政府が加入したとしても、恣意的に国内法を制定あるいは改正して、国際人権法の要求を避けていくことを防ぐ方法はない。

　まず、これに対して国際法的観点からいうと、国際法の義務事項を国内法を理由に履行しないことは許されない。少なくとも、国際法の下では、国際法と国内法の関係において、国際法が優位にあることはいうまでもない[9]。

---

6) これに従って、アメリカは1992年に自由権規約に加入しながら、自由権規約の各権利はself-executingではないと宣言した。

7) これと関連して同リステイトメント111条(i)はいい例を挙げている。国際条約が国際犯罪（たとえばジェノサイド）を創設し、この処罰を要求する場合、それだけではアメリカの刑事法とできず、議会が適切な立法をするべきであるとしている。刑事犯罪に対し、アメリカの憲法は韓国と同じ罪刑法定主義を要求すると見ているからである。

8) むしろ韓国政府は1992年、自由権規約委員会に提出した政府報告書で、自由権規約は韓国の憲法上で国内立法措置の必要はないものであり、国内法と同一の効力があるということを明らかにした。UN Doc. CCPR/C/68 Add.1, para.5(July 31, 1991), reprinted in Official Records of the Human Rights Committee (91/92) 205.

問題は、韓国の憲法下における国内法の理論である。果たして国際人権法（とくに人権条約）の国内法上の地位を国内の法秩序の中でどのように取り扱うべきか。これについては国内外にいろいろな理論がある。
　①人権条約を国内の憲法の一部として取り扱う場合。
　②人権条約を国内法の上位に置くが、憲法の下位に置く場合。
　③人権条約を国内法と同一の地位に置く場合[10]。
等がそれである。しかし筆者の考えでは、個人の普遍的人権の保障のため、国際社会で多数国間国際条約の形式で作られた人権条約（代表的には自由権規約）は、その性質上単純な国家間相互義務の交換としての一般的条約とはその取扱いを異にすべきだと見る[11]。したがって、このような人権条約は、少なくとも国内的に適用するにあたっては憲法の下位であるが、他のどのような国内法よりも優先的に適用されなければならない。さらに憲法との関係においても、憲法の解釈を通じて人権条約の内容を憲法上の基本権の内容へと引き入れることによって、なるべく憲法との衝突を防ぐ必要がある。このようにするとき、上記のケース２において、被疑者や弁護人が自由権規約９条３項違反を理由に違憲審査の請求や憲法訴願を請求する可能性が開かれるであろう。

---

9) 条約法に関するウィーン条約27条は、これについて次のような明文規定を置いている。「当事国は、条約の不履行を正当化する根拠として自国の国内法を援用することができない。……」。
10) この場合は、結局人権条約と国内法との関係は、後法優位の原則と特別法優位の原則の下で解決されるという理論である。
11) このような立場から自由権規約委員会の一般的意見24が作られた。同意見では自由権規約の性格と関連して、次のような意見をとっている。「17.……かかる人権諸条約、特に自由権規約は、国家間相互における義務の取り交わしを網羅するものではない。これらの条約は個人に対する権利の付与に関わるものである。……」。

韓国人権の現地点[1]
ニューミレニアムを迎えて急を要する課題は何か

1. はじめに

　筆者が今から書こうとすることは、韓国の人権状況をただ批判するためのものではない。それよりも何か建設的な提案をするためのものである。20世紀を終え新しいミレニアムを迎えて、私たちの人権状況を客観的に調べ、韓国が国際的にこれ以上人権後進国という汚名を浴びせられないで済む方法を模索しようとするのが、本稿の目的である。

　1999年10月22日、スイス・ジュネーブにある国連欧州本部ルーム11では、韓国政府が国連自由権規約委員会に提出した報告書が審査されていた。18名の人権専門家たちが質問をし、6名の韓国政府代表者がこれに答える形式でこの会議は進行した。会議はまず、駐ジュネーブ代表部大使である張萬淳(チャンマンスン)大使の冒頭発言で始まった。張大使は約15分間、金大中(キムデジュン)政府の人権に対する意思を説明し、変化する韓国の人権状況を説明した。過去の政権と違い、金政権は人権を最優先の政策課題としていると力説した。現在、設立に向けて論議中の国家人権委員会について説明しながら、これは、金大統領と現政府の人権に対する強力な意思の所産であるとした。この日、政府代表たちは最初から、委員たちの問いに対し、韓国の人権状況を語ることについて、もはや消極的である必要はないとして自信のある口調で答え始めた。国際社会が韓国の人権状況を語ることに対して今では違う評価をしてくれるのを願う心がありありとわかった。しかし委員たちの反応は、このような政府の代表者たちの願いをものともしない雰囲気であった。この日政府代表は積極的な答えで話を始めたが、結局、相当に困惑した1日を過ごさなければなら

---

1) 本稿は、筆者が1999年10月の自由権規約委員会(Human Rights Committee)を傍聴した後、その年の12月に韓国の代表的な新聞である東亜日報発行の月刊誌「新東亜」に発表したものである。筆者は本稿で、国際人権法的観点から見て韓国の人権状況の何が問題なのかを扱った。韓国の人権状況を一般的に理解する一助となるであろう。

なかった。人権状況の改善を力説したが、委員たちの質問と意見は「それでも」韓国が行くべき道はまだ遠いことを見せてくれた。

　1999年11月4日、自由権規約委員会は、韓国の報告書の審査に関する最終所見を発表した。23項に及ぶ内容は、92年の最終所見と比較して分量も多く具体的なものであった。韓国の人権が新政府になって驚くほど発展したという評価を受けようとする政府の立場としては、思いもかけないことであったろう。委員たちはもちろん、政府の人権問題に対する従来とは違う姿勢については評価しながらも、走っている馬に鞭を打つように、国際人権の水準を実現するためには何が韓国社会に必要なのかを指摘した。人権先進国としての扱いを受けるためには、まだ韓国には絶え間ない改善をするべき人権分野が多いということである。何が、どんな分野でそうであるのか。以下では、同委員会が勧告した事項を中心に、私たちの人権状況を簡単に点検し、何をどのようにしたら国際社会が韓国の人権状況をこれ以上後進的、人権侵害的構造下にあるとして理解しないですむかを考えてみよう。紙面の限界と筆者の能力不足ですべての人権分野をここで取り扱えないが、一番よく論議されるもの、一番身近な人権と関連した分野にかぎって、国際人権法の見地から韓国の人権の現実を批判し、その改善方向を提示してみよう。

2. 思想、良心および表現の自由について

　筆者の最初の関心は、思想、良心および表現の自由に関することである。

　民主主義の前提条件は、個人の思想、良心の自由と、これらを表現できる自由が保障されることである。これが保障されなければ全体主義と違いがない。したがって、民主社会であると自分の政体を規定するどんな国も、個人の思想と良心そして表現の自由を本質的に侵害しながらそのように名乗ることはできない。

　ところで、韓国はどうであるのか。国家保安法の存在、それは私たち国民がしたい話をできなくし、聞きたいことを聞けなくする元凶であった。92年に自由権規約委員会で韓国政府の報告書が初めて審査されたときもそうであるが、今回の委員会の検討でも、委員たちは国家保安法の存在は韓国の人権改善を妨げる最大の障害物であると指摘した。

　韓国の国家保安法は、当局により不穏文書とされた本を何冊か所持しているだけで処罰できる法律である。自分の主張が北韓（北朝鮮）のそれと類似していると

いう理由で処罰されることもある。90年代はじめに恣意的に国家保安法が適用されるという批判があり、若干の改正があるにはあったが、過去10年間、私たちの現実はあまり変わらなかった。最近でも毎年500名あまりの人々が国家保安法で拘束されているが、この数字は、過去の権威主義的政権と根本的に差がない。そして、この被拘束者の中で約9割が国家保安法7条の鼓舞讃揚（反国家団体に対する同調行為）で拘束されているのである。

　また、国家保安法事件で取調べを受ける人たちは、一般の刑事事件の被疑者より長い期間拘束されなければならない。20日間は国家情報院（あるいは警察の対共分室）で、30日間は検察で拘束が可能である。このように長い拘束捜査は、国際的に例を探すのが難しい。そのために拷問禁止委員会（韓国は1995年に拷問等禁止条約に加入した）は、何年か前に国家保安法上の長期間の拘束を批判し、その改正を強く要求したのである。

　さらに非常識で国際社会が容認しがたいことは、国家保安法違反の場合は通報しなくても罪になる（不告知罪）ということである。殺人事件が起こってこれを通報しなかったとしても処罰されることはないが、どうして政府と考えが違うという理由ひとつでそのような考えを持つ人を通報することを強制できるのか。このようなことは外国の専門家たちの間ではとても理解ができないということである。

　今回、自由権規約委員会が示した強力なメッセージは、まさに韓国が国家保安法を廃止しなければ国際社会で人権国家として処遇されることは難しいということであった。この法をすぐに全部廃止することが難しければ、委員会が勧告するように少なくとも7条に関してだけは早急に廃止する必要があり、可能であればこれとともに不告知罪と拘束期間に関する規定も早く廃止するべきであろう。

3.　身体の自由について

　筆者の第2の関心は、最も古典的な基本権である身体の自由に関することである。なかでも拷問と関係のある問題である。

　今回の自由権規約委員会の審査でも、委員たちはまだ私たちの捜査機関、とくに国家保安法事件を担当する捜査機関による拷問の可能性に対して、深い懸念を表明した。事実どの国でも、独裁政権になればその政権は権力を維持するために国民を拷問する。反対者を探し出し、苛酷な肉体的苦痛を与え、降伏させる。チリ

やアルゼンチンで70年代後半に成立した軍事政権を思い出せば、どれだけ多くの人たちが拷問という国家暴力により犠牲になったのかを知ることができる。真正な民主政権であるならば、これ以上拷問という国家暴力を犯してはならない。もし国民が拷問の疑惑を提起する場合には、これを徹底的に調査して、その加害者にそれ相応の処罰を加えなければ決して民主国家とはいえない。

ところで韓国の現実はどうであるのか。一言で言えば、政府の意思が疑わしい。90年から98年までに拷問を受けたという事件が1,300件あまり提起されたが、政府はこのうちの100件あまりを調査したのみで、そのうち１件も起訴されないままである。

最近、拷問技術者である李根安警監が自首した。拷問被害者たちの粘り強い要求により指名手配されたが、彼は11年間、大部分の年月を家に隠れて過ごし、検挙の手が届くのを避けてきた。政府は、検挙しようとしたのか、あるいは庇護しようと決めたのか、どちらなのかわからない。１つだけ明らかな事実は、政府がこの逮捕に精魂を込めなかったということである。しかし、いきさつがどうであれ、国民は今では万事は必ず正義に帰するということを信じようとする。

ところがまた別の問題が発生してしまった。事実上彼を処罰することが難しいということである。彼が拷問したと今問題になっている事件の大部分は、公訴時効が成立したのである。極悪な犯罪を犯したにもかかわらず、時効という救世主がそれに対する正義の審判を妨げているのである。

今、目を開けて世界を見てみよう。拷問に関してどれだけ多くの国が決然とした意思を明らかにしているのか。チリの鉄拳独裁者ピノチェトが在任期間中に犯した拷問およびその他の人道に反する罪に関して、スペインは処罰すると立ち上がっているではないか。またイギリスは、チリとの外交的摩擦を押し切ってピノチェトをスペインに送還するために世紀の裁判を現在進行させている。このような状況がまさに拷問に関する国際的状況である。

拷問という犯罪は人道に反する罪であるため、どの国で発生しても拷問加害者を捕まえている国で処罰が可能であるという原則を国際社会は確立している。このような犯罪には時効もない。どんなに時間が経ったとしても、加害者の拷問の事実が明らかになれば処罰が可能であるということを、今国際社会が要求している。したがって筆者は、韓国社会の拷問放置に関して、今この時期に決然とした意思を見せるべきであると考える。

まず拷問については、公訴時効制度をなくそう。私たちも拷問に関しては、世界のどの国で発生しても、加害者が韓国にいるかぎり処罰することのできる、いわゆる世界主義（普遍的管轄）を宣言しよう。ピノチェトと同様の者が韓国に来れば、彼を逮捕することのできる勇敢な市民と捜査機関が出るようにしよう。そのような姿が可能になるとき、韓国は本当に拷問から解放される社会になるであろう。

　司法府も拷問摘発に対する意思を見せるべきである。事実、司法府こそ拷問摘発の最終的な終着地である。まず司法府は、拷問疑惑のある事件の裁判で果敢に証拠排除の原則を確立するべきである。拷問の疑惑を提起する被告人の主張を傾聴し、その主張が合理的であるとき捜査機関が提出する証拠を果敢に排斥するべきである。このような伝統が確立されたとき、捜査機関は拷問の誘惑から解放されるのである。もちろん技術的次元の制度改善も急を要する。韓国の捜査構造を見れば、捜査方法を制限する法は一切ない。夜間に徹夜捜査をするのも制限せず、10時間以上休まず取調べをしても、それ自体が不法であるとする根拠もはっきりしていない。しかし、このような捜査は、それ自体が拷問になるのである。

　したがって拷問に対する私たちの摘発意思があれば、捜査機関の捜査方法を制限する法令を作ることが現実的な対策である。このような法令があるイギリスのような国では、被疑者を取り調べる際、必ず2時間に1回ぐらいは休む時間を与えなければならないようになっている。そうでなければそれがまさに苛酷な行為になる。私たちも、このような法律を作るべきではなかろうか。

4.　身体拘束に関する手続について

　3つ目の関心は、韓国の身体拘束手続に関する根本的問題である。

　従来、人権侵害であるとの主張が頻繁に出てきたのは、まさに人を拘束する手続に関してであった。捜査機関の犯罪捜査という名目で人を捕まえて閉じ込めたその時点から、数多くの人たちの人権が蹂躙された。昔は任意同行の名目で人を捕まえ、数日間取調べをし、犯罪の嫌疑が認定されれば拘束令状を請求した。これが批判され、今は緊急逮捕という名前で人を捕え、48時間何の制約もなく取調べをしたあと、拘束令状を請求する。多くの場合拘束の要件を備えていないが、このような捜査慣行を抑制する方法はとくにない。

　身体拘束過程で人権を保護する方法は大きく2つがある。拘束の要件を厳しく

する方法と、逮捕後の事後抑制装置を強化し不法拘束を防ぐ方法がそれである。このうちどちらが人権保障には賢明な方法であるのか。おそらくこの2つとも不法な拘束を避けるためには必要であるだろう。しかし、より現実的な方法は、不法な逮捕拘束を事後に直ちに統制できる方法であり、その過程で不法逮捕あるいは拘拘束を抑制できるならば、それに優る方法はないであろう。

　韓国では95年、令状実質審査制（日本の勾留質問制度と類似）を作った。すなわち、判事が拘束令状を発付する前に逮捕された被疑者を尋問できる道を開いたのである。ところで、問題はそれがすべての事件に適用されるのではなく、被疑者が要求し判事が相当であると認定する場合にだけ可能であるということである（95年にこの制度を初めて導入する際には「被疑者の要求」という要件はなかったが、この制度が捜査の妨害になるという検察の反発により、97年末の法律改正でそのような要件が追加された）。このような制度が果たして国際的な水準にふさわしいものであろうか。

　今回の自由権規約委員会の審査では、まさにこの問題が公式に指摘された。委員会は、身体拘束制度では、どこの誰でも逮捕されれば直ちに（promptly）判事に引き渡され、その拘束継続の可否の判断を受けることを自由権規約は要求しているとして、令状実質審査制度はこの水準に至らないと評価した。自由権規約で要求するこの制度は、被疑者の意思に基づいて左右されることではなく、国家の自動的な義務（automatic obligation）であると委員たちは説明した。現行制度のもとでは、被拘束被疑者の30％程度は判事に会うこともできないまま数十日間拘束されることを余儀なくされている。このような現実は、国際人権専門家である人権委員たちにはとても納得できない状況であったのである。

　このような国際的な批判を受けないためには、現在の令状実質審査制度を変えるべきである。令状発付の過程で、被疑者の意思と関係なく裁判官が被疑者を尋問することは、国家の義務であることを宣言するべきである。そうするためには、逮捕がある場合には無条件にすべての被疑者を判事のもとに連れて行き、拘束継続可否の審査を受けさせることが必要である（必要的令状実質審査制度の導入）。このような制度は、韓国の刑事司法手続と大同小異である日本でも採択しているのである。

5. 監獄における人権について

　4番目の関心事は、囚人の問題である。

　監獄に閉じ込められている人々の人権。それは1つの国において最低限の人権である。監獄は伝統的に人権の死角地帯と呼ばれてきた。自由に住む人たちの人権を守れないのに、罪を犯した人たちの人権にまで関心を持つということは贅沢であると感じてであろうか。しかし、監獄の人権が向上しないかぎり、その国の人権水準は本質的な改善がないと言っても過言ではない。ある国で監獄における人権を最低水準と見ることができれば、この分野の人権改善が、結局全社会の人権改善として現れるからである。

　監獄問題で最も大きな問題は過密収容である。現在、約7万名の囚人が韓国にある40あまりの監獄に収監中であるが、公式には1坪あまりに2名ぐらいが収容されていることになっている。このような数字も国際的には非常に過密収容であるが、問題は、大部分の囚人がこれよりずっと劣悪な状態で収容されているということである。約5坪の部屋に33名の囚人が収監されたという人権団体の報告もある。想像してみてほしい。夏、30度を超える酷暑期に、読者の部屋の大きさほどの監房に10名以上が寝て生活をするということを。このような状況でどんな社会復帰のための教育を行うことができるのか。ただ逃げられないように閉じ込めているに過ぎないのではないか。今の状況では、韓国の行刑制度を先進国の水準にまで向上しようとする主張は、卒直にいって贅沢な主張である。だから最低限の生存条件から改善するべきである。

　韓国の過密収容はそれ自体、自由権規約が禁止する囚人に対する「非人道的な取扱いあるいは人間の尊厳を害する処遇」に該当する。囚人の人権の国際準則である国連「被拘禁者処遇最低基準規則」は、適正な刑務所の規模は1つの刑務所当たり500名程度を収容することとする。現在、韓国の場合は少なくとも1つの刑務所に2,000名以上が収容されているが、国際準則の4倍にもなることになる。至急に行刑施設を小規模化して専門化する措置がとられるべきである。そしてなによりも被拘束者の数を絶対的に少なくしなければならない。そのためには、拘束を主とする捜査と自由刑（懲役刑）を主とする刑罰を離れ、より多様な教育刑プログラムが導入されるべきであろう。

　監獄問題のなかで国際社会が韓国の現実を批判する分野の他の1つが、監獄を

監督する独立した機関がないということである。元来、監獄で人権が無視されるのは世界的な現実である。しかし、人権先進国と後進国の差は、先進国では監獄で人権侵害が起こった場合に一般社会がそれを簡単に知ることができるのに対して、後進国ではベールに包まれていてどんなことが起こっているのかを知るのが難しいことである。すなわち、先進国は監獄が一般に比較的よく公開されていて、その中で問題が生じた場合、外部の公正で独立した機関により人権侵害の存否がきちんと調査される。韓国の場合は、囚人が監獄で自分の人権を侵害された場合に、これを是正する方法は当該施設の長に訴えるか、法務部（法務省）長官に請願することであるが、どちらも囚人にはたやすくない。異議を提起する過程で、刑務所職員の妨害を受けるしかない構造である。だから今回、自由権規約委員会も、韓国の行刑施設での人権侵害を減らすためには、独立した機関による監督が必要であるという意見を韓国政府に提示したのである。

これから作られる国家人権委員会[2]は、このような監督機関としては事実上適格であるが、問題は、設立に向けた現在の論議を前提にすると、人権侵害の事実を発見しても是正命令権がなく、どれだけ実効性があるかわからないことである。監獄での人権侵害に対する救済は即時になされるべきであるので、迅速な権利救済が可能な手続を作る必要がある。

6. プライバシーの保護について

この稿で筆者が述べる最後の関心事は、私生活の保護という問題に集約される。

科学文明の発達が生活の質を高めることは間違いないが、私生活の秘密が誰かにより侵害される高い代償を支払っている。私的領域が保障されないことは結局、私たちをして真実の幸福を追求できない状況を作っているのである。ジョージ・オーウェルの小説『1984年』のビックブラザーが24時間、365日、私たちの日常生活、秘密にするべきである私たちの私生活を一挙手一投足監視すると仮定してみよう。そんなところでどうして他の人たちと自由に話すことができようか。

今日、私たちには、このような不幸な状況がだんだん現実に近づいているのである。国家機関による国家安全保障や捜査という名目で不法盗聴（いや適法である

---

[2] 国家人権委員会は2002年末に設立された。

とする盗聴も問題だ)が数えきれないほどあり、この手口が今や私人間にも広まっているのが実情である。

　問題は、このような人権侵害が国民にとって、国家が国民を拷問する問題と同じぐらいには深刻で身近ではないということである。野党もこの問題に人権侵害という正攻法で迫ることなく、政権与党による野党への破壊工作として捉える傾向にある。この問題はそのような政治的問題ではない。人間には他人に知られない自分だけの世界があり、それが侵害されたとき、それは人間の絶対的な権利(放棄できない権利)を侵害されたことと認定されなければならない。

　21世紀は情報通信の時代であるという。もしこのような私生活の保護が積極的に保障されないならば、私たちの生活は本質的に脅威を受けることになるであろう。だから今回の自由権規約委員会の審査では、韓国の盗聴問題に憂慮を表明しながら、政府に積極的な対処が要求されたのであろう。

7. おわりに

　筆者が自由権規約委員会の審査を始めから終わりまで傍聴しながら感じたことの一端を明らかにすることで、この稿を終わろう。

　普通、自由権規約委員会で各国の人権報告書が検討されるときは、2つの形がある。1つは糾問会の形式で、これは普通、人権後進国の報告書が検討されるときのようすである。委員たちは政府代表に批判的発言をし、政府代表はこれを防御するのにあくせくしている。代表はどうにかしてこの何時間かの針の筵(むしろ)のような場をやり過ごそうと汗を流す。もう1つはいわゆる「建設的対話」である。代表は委員たちの指摘を受け入れて自国の人権問題を改善できる方向を誠実に答える。攻撃し防御するぎこちない雰囲気はとくに見られない。

　さて、韓国の場合はどちらに該当するのか。後者よりはまだ前者に近い感じである。政府は、国際社会が韓国の人権を話すことに心の扉を開けないで、過敏な反応を示すのである。そんな必要はないのに。人権大統領という言葉は政府が自ら作って呼ぶべきものではない。国際社会が人権の普遍性に立脚して勧告する問題に対し、謙虚な姿勢で解決しようとする努力をするとき、徐々に私たちの大統領を人権大統領と国際社会が呼ぶようになるであろう。人権問題を解決しようとする政府の決断を促すことである。

アメリカの対テロ戦争[1]
国際法の立場から見たいくつかの問題

1. はじめに

2001年9月11日のニューヨーク・マンハッタンの世界貿易センタービルとワシントンD.C.のペンタゴンでは、まるで映画やコンピューター・ゲームのようなできごとが起こった。第2次世界大戦で日本の神風特攻隊が真珠湾を攻撃したように、人を乗せた航空機がアメリカの象徴であるこの2つの建物を破壊したのである。この事件で世界が驚いたのはもちろんであるが、アメリカ人の傷ついた心はなかなか癒えないようである。

アメリカはこの半世紀の間、世界の真のスーパーパワーであった。冷戦が終熄した後は、アメリカはどんな国も干渉することのできない唯一無二の超大国になった。世界はアメリカが導くいわゆる新自由主義の要求を受け入れるしか仕方なかった。世界貿易センタービルはまさにそのようなアメリカの力を経済的に象徴するものであり、ペンタゴンはそのようなアメリカの武力的な象徴であった。そんな場所がテロリストたちにあまりにも悽惨にやられたのだから、アメリカ人の感じた苦痛と怒りは第三世界の人々にはなかなか共感できないものだろうと思う。このテロに対してアメリカははじめから報復を表明していた。

事件後の早い段階からアメリカは、このテロはアラブ人たちによって行われたものであり、その背後にはオサマ・ビン・ラディンというイスラム原理主義者がいると宣言した。そして彼を捕え法廷に立たせて正義の審判にかけると言っており、彼を匿ったり彼の逮捕に非協力的な国にはテロリストに準じる報復をすると警告した。

---

[1] 本稿は2001年に9.11事件が起こった後、アメリカがアフガニスタンを攻撃したのが果たして国際法的に容認されるものかという疑問に対し、答えを見出そうと書かれたものである。深みのある論文というよりは、一般人を対象にアメリカのアフガニスタン攻撃の問題点をわかりやすく指摘しようとしたものである。2002年12月に民主社会のための弁護士会（民弁）の機関紙である「民主社会のための弁論」に掲載された。

そして、アメリカはオサマ・ビン・ラディンを匿っているとアフガニスタンを非難し、インド洋に空母を急派、3万以上の兵力を送った。アフガニスタンのタリバン政権の唯一の友好国だったパキスタンでさえ、アメリカの要求を拒否することができず、アメリカがアフガニスタンを攻撃する場合、そのための基地としてパキスタンの土地を提供すると言った。アメリカのCNNをはじめとする欧米のマスコミや韓国の主要マスコミも、先を争って特別取材班を編成し、パキスタンとアフガニスタンに送り始めた。

2001年の10月8日未明、アフガニスタンの首都カブールと主要都市には、アメリカ軍とイギリス軍のトマホークミサイルと数十機の戦闘爆撃機により爆弾が投下された。いよいよ戦争が始まったのである。この20年間、旧ソ連との戦争、そして引き続く内戦でろくな建物ひとつないアフガニスタンの何を破壊すべくその数多いミサイルと爆弾を投下するのか理解できないが、アメリカはテロ犯が使った武力の何十倍、何百倍を使ってアフガニスタンを石器時代に引き戻してしまった。実に恐ろしいことが起こったのである。

国際法を勉強し国際人権に関心を持っている筆者としては、この事態を見ながら、心の底から沸き起こる疑問を抑えられない。我々人類が作り上げた国際秩序は、往々にして強大国の論理によって歪曲された歴史があったといえども、これほど無分別なことがあっただろうか。いったいどうして、こんなにもアメリカは理性を失ったのだろうか。もちろん、アメリカ人が感じている怒りがわからぬではないが。数千、数万人の善良な人々が犠牲になり、数百万人の難民が発生しかねない戦争が起こるかもしれない事態に直面したというのに、どうして人類はこんなにわけもなくアメリカの意思によって左右されているのか。戦争という極端な方法で問題を解決しようと思うからには、せめてそれなりの大義名分と根拠がなければならない。それがないと人類は弱肉強食という秩序以前の状態に戻るしかないのである。もしそんな状況が発生したら、人類の終末はいとも簡単にやって来るのではないか。

筆者は、今回のテロの責任者（彼がオサマ・ビン・ラディンであろうと誰であろうと）に対して尽くせるかぎりの非難を浴びせたい。どんな目的や大義名分でも今回のテロを合理化することはできないし、その責任者は必ず正義の審判を受けるべきだと思う。しかし、そうだとしても、魔女狩りのような狂気の報復が正当化されてはならない。審判はあるべきであるが、それは法の手順に沿って国際法的な原則により世界中の人々の同意のもとで成り立たせなければならないものである。そう

でなければ、血の報復の悪循環が絶えなくなることは明らかである。

　本稿は、筆者がこの事態に対して憂慮しているいくつかの問題を国際法的な側面から論じたものである。読者とともに、いくつかの問題を考えながら、どの面に問題であるか、どのように解決すべきかを探ってみようと思う。

2. テロとは何か、テロに対する国際法的な対応は何か

　アメリカの今度の対テロ戦争を評価する前にまず踏まえておくべきことは、果たしてテロというのは何であり、これに対して国際社会がどのような対応をしてきているのかということである。

(1) テロリズムの概念

　テロリズムとは、辞書によればあまり難しい概念ではない。オックスフォード英語辞典によると、テロは「恐怖または非常に圧迫を受ける状態；ひどい恐怖、圧迫あるいは脅威」と定義されている[2]。テロリズムとは、このようなテロの状態を作り出すことと辞書的には説明することができる。

　しかし、テロリズムほど国際社会でその概念を整理しにくいものがほかにあるだろうか。大きなテロ事件が起こるたびに、テロを国際犯罪だといい、これに対して人類社会が共同して対応しなければならないとよくいわれるのだが、国際社会は未だにこのテロ（正確にはテロリズム。以下では両語を併用する）の概念を正確に確立させていない。それはなぜだろうか。それはテロというものが、見る人の角度によりまったく異なった評価を受けることがあるからである。中東や北アイルランドそして世界の紛争地域で起きるテロは、そのテロの主体の立場からは民族の自決権を守るための愛国的な行動であるのだが、それに反する立場から見るとひとつの蛮行に過ぎない。テロの概念を広く捉えてすべての武力行使をテロの中に入れると、第三世界から、外国勢力への独立運動や独裁者の圧制に対する抵抗さえ否認する結果を生むことになるという批判の声があがる。このように国際社会では、簡単にはその定義をすることができない状況にある。

---

[2] The Compact Oxford English Dictionary Second Edition (1991) によると次のようになっている。"The state of being terrified or greatly frightened; intense fear, fright or dread".

上のような問題があるため、これまで国際社会がテロの概念に合意し、これに対する共同対応を決意した一般的な国際文書はない。ただ、国際連盟の時代にテロ防止および処罰に関する条約を結び、その中でテロの一般的な定義を試みたことがあるだけである。ここではテロを「公衆や特定人の心の中に恐怖の状態を作りあげるための特定国家に対する直接的で計算された犯罪行為」と定義した。

　20世紀後半のテロの一般的な概念では (もちろん賛否両論あるのだろうが)、上の定義よりは10年ほど前のアメリカの国務省の文献の定義がより近い感じがする。この文献は、テロリズムを「非国家組織や秘密国家要員が政治的な意図を持ち、ある意思決定に影響を及ぼすために非戦闘目標物 (noncombatant targets) に対して犯す計画された暴力」[3] と定義している。ここで議論になるのは、非戦闘目標物の概念だ。他の論者たちは、この用語の代わりに「善良な一般住民」(innocent civilians) という用語を使ったりする。これは、「非戦闘目標物」よりはその概念を狭く見るものである。今回のアメリカの事態で見れば、ニューヨークの世界貿易センタービルに対する攻撃は明らかなテロだが、ペンタゴンに対する攻撃はテロではないかもしれないということを意味する。すなわち、テロをただ善良な一般住民に対する攻撃としてのみ解釈すれば、ペンタゴンは善良な一般住民の概念には入らないので、それに対する攻撃はテロとして規定しにくくなる。しかし、非戦闘目標物と定義すれば十分テロと定義することができるであろう。

　一方で、暴力という概念もはっきりしていない。どれほどの暴力を用いればテロ行為とされるのかということもよく問われる概念である。アメリカの場合、上のような概念に即して国内法上テロの概念を定めており、その中で国際情報安全法 (Foreign Intelligence Surveillance Act) を見ると、(国際) テロリズムを「アメリカやこれらの 事件を取り扱うある国の国内法から見て人の生命を脅かす暴力行為であり、犯罪行為であり、民間人 (civilian population) を脅かし、そのような脅威により政府の政策に影響を与えたり、暗殺や拉致により政府の行為に圧力をかけることである」と規定している[4]。

---

3) Patterns of Global Terrorism:1988 (US Dep't of State, March 1989). 原文は次のとおりである。"Terrorism is premeditated, politically motivated violence perpetrated against noncombatant targets by subnational groups or clandestine state agents, usually intended to influence an audience."
4) Foreign Intelligence Surveillance Act, 50 U.S.C § 1801(c).

(2) テロリズムに対する国際的な対応

　テロリズムに対して、国際社会は長い間、国際法的に対処して来た。それにもかかわらず、上で見たように、テロリズム自体に対する概念は、西欧国家と第三世界の間で縮まらない溝が存在するだけでなく、テロリズムを普遍的な概念として昇華させた一般的な反テロ国際条約は存在しない。ただ、それぞれの状況で国家間の合議による国際条約が存在するのみである。現在まで国際社会は、8つの主な反テロ条約を定立している。その条約を簡単にまとめると次のとおりである。

○航空機内でのテロを扱う条約
・東京条約（航空機内で行われた犯罪その他ある種の行為に関する条約）
・ハーグ条約（航空機の不法な奪取の防止に関する条約）
・モントリオール条約（民間航空の安全に対する不法な行為の防止に関する条約）
○空港関連施設でのテロを扱う条約
・空港不法行為防止議定書（1971年9月23日にモントリオールで作成された民間航空の安全に対する不法な行為の防止に関する条約を補足する国際民間航空に使用される空港における不法な暴力行為の防止に関する議定書）
○要保護人物および人質関連テロを扱う条約
・国家代表等犯罪防止処罰条約（国際的に保護される者（外交官を含む。）に対する犯罪の防止及び処罰に関する条約）
・人質行為防止条約（人質をとる行為に関する国際条約）
○海上でのテロを扱う条約
・海洋航行不法行為防止条約（海洋航行の安全に対する不法な行為の防止に関する条約）
・大陸棚プラットフォーム不法行為防止議定書（大陸棚に所在する固定プラットフォームの安全に対する不法な行為の防止に関する議定書）5)

　これら反テロ国際条約の主な目的は、国家間の協力を通じて国際テロに対応することである。たとえば、上述の国家代表等犯罪防止処罰条約は、各締約国が要

---

5) ここでいうFixed Platformsとは、大陸棚の上に設置した人工構造物を意味する。この条約は、大陸棚地域で石油試錐作業や海底実験をするために設置した人工構造物内で起きたテロに対処するための条約である。

保護人物に対するテロの準備を防ぐために協力をし、情報を交換しながらテロ防止のための国際的な調整をすることを可能にする。もし、あるテロ犯がこの条約により保護される者に対してテロを敢行して逃走した場合、締約国はこのテロ犯の身元や居所を確認できるよう情報を提供しなければならないし、テロ犯を見つけたらどの締約国もその者の引渡しや起訴のために身柄を確保する処置をとらなければならない。さらに締約国は、テロ犯の司法手続のために自らが持っている証拠と情報を提供する義務がある[6]。

　上の各条約の一番重要な内容は、テロ犯は、締約国が処罰するか、処罰しようとする国家に引き渡さなければならないということだ。だが、この義務だけではテロ犯に対する現実的な処罰にならない。どの条約も無条件での引渡しや処罰を締約国に求めているわけではないからである。ある国がテロ犯に対して処罰をしようとしても、身柄を確保している国がその身柄を引き渡さないで自国で司法手続をとると言えば、条約上ではどうしようもない[7]。また、司法手続をとるということは、ただテロ犯を起訴し、司法的判断を受けさせるということであり、それに対する現実的な処罰とは違うため、テロ犯を支援する国家にテロ犯がいる状況では、しばしばテロに関する国際条約はもともとの目的を達成しにくいと批判されている。

3. 国際法から見たアメリカの対テロ戦争[8]の問題点

　テロが勃発してからアメリカは、オサマ・ビン・ラディンが最高責任者であり、アフガニスタンが彼を庇護していると断定した。そしてアフガニスタンに対する報復攻撃を宣言し、これによりいよいよ戦争が始まった。つまり、テロリストを庇護しているといわれる国に対しての戦争を始めたのである。このような戦争は国際法上、可能なことなのか。もちろんここではオサマ・ビン・ラディンが今回のテロの最高責任者であり、アフガニスタンのタリバン政権が彼を庇護しているというアメリカ側の見解をまず受け入れることが必要であろう。もしこれまで否定されたら、アメリカの

---

6) John F. Murphy, The Future of Multilateralism and Efforts to Combat International Terrorism, 25 Colum. J. Trans. L.35, 41-53 (1986).
7) これがまさに後に出てくるロッカービー事件でリビアが主張したものである。
8) もちろん、この戦争はイギリスも参戦しているので、アメリカだけの戦争とはいえないが、イギリスはただアメリカについてくるような形であったことからアメリカの戦争とする。

戦争は国際法的な立場から見ても、また国際政治学的な立場から見ても一考の価値もないことになる。よって、アメリカがアフガニスタンを攻撃するための最小限の正当性は、オサマ・ビン・ラディンと9・11事件の関連性を客観的に証明することから始めなければならない[9]。

この問題を調べるためにはまず国際法上、戦争がどんな場合に可能なのかを調べることが必要である。その後に今回の場合を考えてみることにしよう。

戦争の正当性に関しては、国連創設の前後では国際的規範に大きな違いがある。国連が創設されるまでは、個別国家の判断により戦争の正当性の如何が決まった。しかし、国連が創設される前にも少なくともいわゆる侵略（aggression）は否定されていたので、個別国家の戦争行為はそれが侵略であるかないかによってその正当性が判断された。侵略は国際法上、犯罪行為にあたる。第2次世界大戦後のニュルンベルク裁判や、東京裁判でナチや日本の帝国主義者に適用された罪名のうちの1つは侵略だったということがそれを証明している。

国連が創設された以降には、戦争に対して過去と違った原則によりその正当性が判断されるべきだと国際法は要求する。それによると戦争は、国際関係での紛争解決の方法のひとつであり、加入国は自分の判断によっていつでも戦争を選択することができるのではなく、国連のシステム内のみで可能になっている。加盟国はまず、戦争以前に戦争以外の方法で紛争を解決できる方法を探す義務がある。その方法として、交渉、審査、調停、仲裁あるいは司法手続による解決などがある（国連憲章33条1項）。もしこのような方法によっても紛争が解決できない場合、この紛争の解決を安全保障理事会（安保理）に委ねなければならない（国連憲章37条1項）。安保理はこの紛争を解決するために適切な方法を選択することができるが、その場合もいったんは平和的な解決のために最善を尽くさなければならない（国連憲章37条2項、38条）。それにもかかわらず紛争が解決できないと安保理が判断する場合、最後の手段として国連憲章7章の権限（力の行使）を行使することができる。すなわち、その紛争が平和に対する脅威、平和の破壊あるいは侵略だと判断されれば、安保理は特段の処置をとることができるのである。しかし、これ

---

[9] それにもかかわらず、アメリカの国際社会でのオサマ・ビン・ラディンと9.11事件との関連性の立証は不足きわまりないものである。アメリカは友好国と北大西洋条約機構（NATO）に決定的な証拠を提示したというものの、アフガニスタンやアラブ諸国、そしてそれ以外の国にはこれをまともに明らかにしなかった。そのため疑惑が提起されている。

もはじめから武力行使を考慮するのではなく、武力行使以外の方法をまず考えなければならない。すなわち、経済制裁や外交的制裁などである（国連憲章41条）。武力行使は、このような制裁にもかかわらず問題が解決できないときに使う最後の方法である。

だが、国連体制で加盟国が自らの決定により武力行使をできる道がある。それが国連憲章51条によるいわゆる自衛権（self-defense）行使だ。すなわち、加盟国に対する武力攻撃が発生した場合、これに対して自衛権を行使することは安保理が介入する前でも可能だということである。国連憲章はこのような権利を国家の国有の権利（inherent right）としている。問題は「武力攻撃が発生した場合」をどのように解釈すればいいのかが現実的には難しいということだ。異論の余地がないのは、特定国に武力侵攻があり、それが続く場合はこれに対して武力で対抗できるということである。ひいては武力進攻が現実的に起こらなかったとしても、それが切迫し、その可能性が現実的な場合も可能だとする（いわゆる先制自衛、anticipatory self-defense）。これは一言でいえば、自衛権を行使するために相対国に対する先制的攻撃が可能だということである。しかし、この先制攻撃が自衛権の大義名分で無分別に行われたら、戦争を原則的に認めない現在の国連体制を真正面から否認することになる。よって、先制攻撃が自衛権のひとつとして認められるためには、客観的な状況として、先制攻撃をしないと相手国の攻撃にあうという明確な証拠が必要なわけである[10]。

では、アメリカの今回の行動を上の一般論に照らし合わせて判断してみよう。

アメリカははじめから、国連を通してこの問題を解決しようとする意思はまったくなかったとみられる。アメリカはヨーロッパ諸国の同意を得（もしそれが難しいとすればそれがなくても）、いつでもアフガニスタンを攻撃する予定であった。これが国際法上、正当なことなのか。上の国際法の理論に照らし合わせてみると、それが可能となるためには、アメリカの自衛権の発動が正当化される必要がある。このため、アメリカの高官たちは機会があるたびにこの事案が国連安保理に送付する事

---

[10] これに関してよく論議される戦争が、1967年に起きたイスラエルとアラブ国家間のいわゆる6日戦争である。当時イスラエルは、アラブ圏が国連緊急軍の撤退を要求し、海峡を封鎖し、エジプトがシナイ砂漠で軍事力を増強するなどの動きをみせると電撃的にカイロとガザ地区、シナイ半島及びスエズ運河地域を攻撃した。これに対してアラブ圏はこのようなイスラエルの攻撃は国連憲章第51条に真正面から違反する意図された侵略行為だと非難し、イスラエルはこの攻撃を上の条項で明示した自衛権に基づいたものだったと反論した。

項ではないと強弁したのだ。しかし、今回の行動がアメリカの自衛権の正当な行使かと問われれば、筆者はNOとしか言えない。すでにアメリカに対する攻撃は一段落し[11]、アメリカに対するテロがオサマ・ビン・ラディンによることなのか、また彼らが第2のテロを起こす蓋然性があるのかということも証明されていなかった。そのうえ、アフガニスタンを攻撃するためには、アフガニスタン政府（タリバン）とオサマ・ビン・ラディンとが一体になっているといえる状況でなければならない。ただ、オサマ・ビン・ラディンを保護あるいは庇護する程度の関係なら、それに対してアメリカが緊急行為である自衛権を行使する余地はないのだ。もしこれが可能だとすると、アメリカで犯罪を犯して韓国に逃げてきた犯罪者を韓国政府が引き渡さない場合、韓国に対して戦争を宣言し、爆撃も可能だとする論理が成立するが、これを法的に正当といっていいのであろうか。このような状況は現代の国際法のどんな理論によっても説明できないであろう。

4. アメリカの戦争とアメリカによる国際法無視の歴史

　上のような状況に照らし合わせてみると、国際法上アメリカがアフガニスタンを一方的に攻撃し、タリバン政権を崩壊させ、オサマ・ビン・ラディンを逮捕することは許されなかったことになる。アメリカがこの事実を知らないわけはない。だからアメリカは通常の戦闘行為、すなわち正規軍の空襲と地上軍の投入による大規模な攻撃の代わりに、特殊な形態の戦争を計画しているように見えた。ラムズフェルド国防長官をはじめとするアメリカの主要当局者たちが、特別な方法の戦争、もしくは新しい形の21世紀最初の戦争であることを強調したのがそれである。このような発言は、アメリカは特殊部隊を投入し、オサマ・ビン・ラディンを含めたテロ組織の粉砕に焦点を合わせているのだとして解釈された。アメリカは一時、この戦争の目的はテロ組織の粉砕であり、アフガニスタン政府もしくはタリバン政権そのものの崩壊ではないということを暗示した（このような趣旨の外信報道もあった）。こうすることでアメリカは、国際法（国際規範）との正面衝突をある程度防げると考えたのであろう。この論理をもう少し単純にいうと、アメリカが従来の戦闘行為の代わりに特

---

[11] このような見解に反対をする人々は、炭疽菌テロのことを口にするだろう。アメリカは相変わらずテロにより攻撃されているということである。しかし、炭疽菌テロはアメリカがアフガニスタンを攻撃した後に起きているということに注意する必要がある。

殊部隊あるいは小規模の対テロ捜査官たちをアフガニスタンに送り込み、オサマ・ビン・ラディンを逮捕するために必要な最小限の空襲などを行うのであれば、国際社会が国際法違反だとしてアメリカに背を向けるようなことはないと計算したということである。

　だが、アメリカは上のような手順を経た後、終局的に大規模の空襲を敢行し、新しい戦争ではない旧式の戦争を敢行してしまったのだ。なぜだろうか。2001年9月11日以降、アメリカの外交が成功を収めたからである。アメリカは北大西洋条約機構（NATO）の加盟国を含めたヨーロッパ諸国、そしてアラブ諸国を飴と鞭でなだめて、アメリカの戦争の承認を得た。そうなると面倒な特殊な形態の戦争をする必要性を感じなくなり、もっと簡単な道（通常の戦闘行為）を選ぶようになったのである。

　アメリカはテロ犯を捕まえるという名目で、国際法とはまったくかけ離れた方法でアフガニスタンを焦土化させている。アメリカ政府がこのようなことを敢行するにはどのような背景があったのだろうか。今回だけが例外だろうか。否。アメリカがこのような行動を起こすには、かなり長い歴史的な背景があることを知るべきである。力を背景とした国際法の撹乱の歴史が隠されているということである。その歴史を省みると、今回の事態でアメリカが対応した方法の根拠をある程度理解できるようになる。

　アメリカ政府は過去数十年間、外国の領土に入り、その国の同意なしに犯罪者を逮捕する慣行を持っている。アメリカは100年余前から犯罪者が南米などに逃亡したとき、捜査官を送り、捕えてきて裁判にかけたことがあり、そのたびにアメリカの司法府はこれを容認した。アメリカの司法史でこれと関わる最初の事件はKer v. Illinois (1886)である。カー（Ker）はイリノイ州の大陪審により窃盗および横領の疑いで起訴されたが、当時、カーはペルーに隠れていた。そこでアメリカは捜査官をペルーに送り、彼を拉致してきて裁判を受けさせたが、カーは裁判の途中で自分に対する拉致行為はアメリカ憲法上の適正手続（due process of law）に違反するとして、アメリカの裁判所の管轄にはないと主張した。しかし裁判所は、この事件における管轄権を判断するにあたって適正手続は問題とはならず、裁判手続で要求される形式により起訴されたことのみで十分だとして管轄権を有すると認定した。この裁判の結果はその後、多くの裁判で先例として認定されるようになった。United States v. Toscanino (1974)や United States v. Alvarez-Machain (1992)

などの事件が代表的である。アメリカの裁判所は、これらの事件で被告人がどのような方法で裁判所の管轄に取り込まれたかということについては、適正手続の保障は被告人が捜査と裁判の過程で適切で公正な待遇を受けることによって確保されているとして、これら拉致行為に対して免罪符を与えてきたのである。

　このような慣行は1980年代末、当時のブッシュ（父）政権で公式の外交政策となった。テロリストたちを含めアメリカの国益を重大に侵害した犯罪人たちが隠れている国に、その国の同意を得ずに捜査官を送ったり、武力行使をして犯罪人を捕えてくることを、連邦議会でも公式に論議したのである。司法省のある責任者は1989年、連邦議会のある小委員会に出席し、他の国の同意を得ずにアメリカの法を執行することが可能だということを国際法的に説明した。彼は、一般的にこのような行為が国際慣習法に違反することは当然だが、国際慣習法は常に変化するものであり、アメリカはその変化に影響力を行使することができ（つまり国際慣習法を変えることができ）、またアメリカ憲法下で大統領は国際慣習法を離れて行動できる権限があると言い、特定の場合には自衛権（self-defense）を行使して他国の同意なしでもアメリカの領土から離れた場所で逮捕行為ができるとしたのである[12]。

　このような論理は、以後さらに発展し、過去には捜査官数人を送って当該国の同意なしに犯罪人を捕えてきたものを、一定の軍事力を動員して特定人を捕えアメリカの法廷に立たせることにまで正当性を与えたのである。代表的な事件がまさに1980年代の後半に起きたノリエガ事件である。これは、当時のパナマの軍事独裁者として政府の首班であったノリエガを、アメリカのフロリダ大陪審が麻薬密売の疑いで起訴する過程で軍隊を動員し、パナマに侵攻して彼を捕えてきた事件である。今、アメリカが過去のこのような前例で利用した論理をより整え、今回の事件でも適用させようとしていることは明らかである。

　しかし、上のようなアメリカの論理は国際法上、許されるものだろうか。アメリカ国内の著名な国際法学者たちも、多くはその正当性を否定しているように見える。なによりも他国の同意なしに軍隊を送ったり、法執行官を送って他国内にいる者を逮捕する行為は、近代以後に確立された主権概念の中の領土保全（territorial integrity）を絶対的に侵害する行為であり、国際法上、許されないことであろう。ゆ

---

[12] この発言は1989年司法省の法律顧問部（Office of Legal Counsel）の責任者（Assistant Attorney General）であったウィリアム・バー（William P. Barr）によるものである。Jordan Paust *et al, International Criminal Law*(1996)、441-446参照。

えに各国は、犯罪人を自国内の司法権の支配下に置いておくために国際法上、それを可能にする国際条約や犯罪人引渡条約を結んできたのである。そのような理由で国際法学者たちの間では、アメリカ領域外での司法権の執行に同意する人はほとんどいない。アメリカの学者たちの間でも、他国の同意なしでの他国内での逮捕行為または武力行使は、国際法を破る行為だと批判されているのが実情である。とくにパウスト（Paust）教授は、このような行為は国連憲章にも違反しており、それにより相手国が自衛権を発動することができる根拠となりかねないと警告している。

5. 9.11米テロ解決の正道

　まず、アメリカはこのテロが誰の行為によるものなのかを科学的証拠に基づいて国際社会に公開すべきであった。そして、その責任者たちに対する司法手続を考慮すべきだったのである。この過程でアメリカは、自国の法廷で彼らに対する責任を問うか、あるいは国際法廷を利用するかを選択できるだろう。アメリカが自国の法廷での裁判を追求するなら、アフガニスタンと犯罪人引渡しのための交渉をしてオサマ・ビン・ラディンの引渡しを要求すべきである。国際法廷はアフガニスタンがアメリカに協力しないときにはじめて考慮すればいい。現在、国際刑事法廷は安保理の決議により作られたユーゴ法廷とルワンダ法廷以外にはないので、今回の事件を国際法廷に持っていくためには、根拠となる国際法規が必要である。国連安保理の特別決議により臨時法廷を作るか[13]、これから作られる常設の国際刑事裁判所を早く稼働させて、そこで処理する方法も考えられるだろう。ひいてはアフガニスタンとアメリカが合意し、国際社会が同意すれば（国連を通して）第三国での裁判も検討できるであろう。

　ロッカービー（Lockerbie）事件でリビアは、アメリカの犯罪人引渡しの要求を最後まで断り、これに安保理が介入したことがある。そしてこの事件の被疑者たちは

---

[13] その例がオランダのハーグに設置されている旧ユーゴ国際刑事法廷とタンザニアのアルシャに設置されているルワンダ国際刑事法廷である。前者は1990年代初めにユーゴスラビアで起きた人道に反する犯罪行為に対してその責任者を処罰するためのものであり、後者は1990年代初めにルワンダで起きた種族間の人道に反する犯罪行為を断罪するためのものである。いずれも国連安保理の決定により設置された。

10年ぶりにオランダの法廷（スコットランド人の裁判官による審理）に送られたので、今回の場合も、このケースがかなり参考になるだろう[14]）。

　もしこのようなアメリカの努力がアフガニスタンのタリバン政権によって難しくなる場合、その解決は当然国連の所管に移すべきである。

　よって現在の国際法の下でアメリカが選択すべきだったことは、犯人を探し出して司法手続を試み（国内裁判であろうと、国際裁判であろうと、それとも第三国の裁判であろうと）、ひいては国連を中心としてこれらの解決策を試みるべきだったのである。しかし、アメリカはアフガニスタンにミサイルを撃ち込み、特殊部隊を送り、政権を転覆してテロリストを掃討すると言っているのである。そうであれば、いったい国際法がなぜ存在するのかわからない。

6.　おわりに──憂慮すべき韓国政府の態度

　韓国政府は最近、アメリカがアフガニスタンに対する戦争を始めると、それに対して医療および輸送支援等の非戦闘要員の派遣などを通してアメリカを支援することを宣言した。戦争が勃発すると450人あまりの非戦闘兵を派兵するという。しかし、上述のような問題を考慮してみると、果たして韓国政府がこのように性急に兵力を派遣することは適切なのか。まだ戦闘兵力を派遣してはいないが、支持表明が確固としているのでは、状況が少しでも変われば戦闘兵力派遣は自然に出てくるのではないかと心配になる。もしそのようなことが起きると、われわれは自分たちの意思に関係なくアメリカと一体になり、イスラム文化圏と全面的に敵対関係を作ることになるのではないか。憂慮すべき状況である。

---

[14]　1988年12月、スコットランドのロッカービー上空で、アメリカの飛行機（パンナム103便）が爆発して墜落した。この事故で259人の乗客全員が死亡した。アメリカとイギリスの捜査機関は、この爆発がリビアの諜報要員2人によって行われたと断定し、犯人の引渡しをリビア政府に要求した。アメリカとイギリスは、彼らに対する裁判はアメリカかイギリスで行われるべきだと主張したのだが、リビアは彼らに対する裁判は自分たちが行うとし、それはモントリオール条約により認められていることだと主張した。この事件はアメリカとイギリスの要求により国連安保理に移され、安保理はリビアに犯人の引渡しを要求する決議を採択した。しかし、リビアがこの要求に応じなかったため安保理は経済制裁に入り、これに対してリビアはアメリカとイギリスを相手取って国際司法裁判所に裁判権の所在について判断してもらう訴訟を起こすに至った（この訴訟はまだ係属中）。後にこれらの国家は1998年に被疑者たちをオランダに引渡し、スコットランドの判事が裁判を行うということで合意した。現在（2002年）、この裁判はオランダの法廷で審理されている。

韓国政府は、アメリカの友好国として彼らの要求を断るのはなかなかできないことだろう。しかし、そうだとしてもわれ先にと銃をとる必要までがあるのだろうか。このような意味で、イランのハタミ大統領が最近発言した内容は非常に意味深い。彼はこう言った。「テロには反対する。しかし、それがアメリカが主導する戦争の方法となってもいいとは思わない。問題の解決は国連が主導するテロ対応の方向に行くべきであろう」。このような勇気のある発言が外交上本当に難しいのならば、せめて消極的な態度が最善の道ではなかったのだろうか。韓国政府にとって、どのような姿勢をとることが国際秩序に寄与し、韓国の国益にも寄与できるかということをもうすこし慎重に考えなければならないときである。

イラク戦争は侵略戦争であり、イラク派兵は憲法違反である[1]

1. 韓国の憲法規定

韓国憲法5条1項は「大韓民国は国際平和の維持に努力し、侵略的戦争を否定する」と規定することで、侵略戦争を起こさないことも、侵略戦争に参加しないことも誓っている。今回のイラク戦争が侵略戦争とされる場合、韓国政府がこの戦争に派兵することはまさにこの憲法条項に違背することになり、違憲となる。

そうであれば、イラク戦争は侵略戦争であるのか、正当で適法な戦争なのかを検討すべきである。これに対する答えは、イラク戦争の国際法的な許容性を問うことから導き出されるのである。韓国の国内法のどこにも侵略戦争の定義はないので、この問題は、国際法の領域において、イラク戦争の侵略戦争性が判断されることになる。

2. 国際法における武力行使禁止原則と例外

第2次世界大戦以後、国際法において武力行使禁止の原則は明らかに条約上の義務であり、これは国際慣習法においての義務でもあるということには異論がない。これを条約上に明確に表現しているものは、国連憲章2条4項である。この条項は、以下のように規定している。

---

[1] 筆者は2003年3月にイラク戦争が勃発したとき、この戦争が国際法上許容されない違法な戦争であることを主張した。また、当時韓国政府はアメリカの要求に従って派兵を決定したが、筆者はこの派兵が侵略戦争を認めない韓国憲法に違反することを指摘した。そして、筆者は同僚の弁護士とともに政府の派兵決定が違憲であることを主張して、憲法裁判所に憲法訴願を提起するに至った。本稿は筆者が派兵反対討論会と憲法訴願などで主張したイラク戦争の違法性を整理したものである(2003年4月)。

国連憲章2条4項　すべての加盟国は、その国際関係において、武力による威嚇又は武力の行使を、いかなる国の領土保全又は政治的独立に対するものも、また、国際連合の目的と両立しない他のいかなる方法によるものも慎まなければならない。

　第2次大戦以後、国際社会は永久的な平和のために国連を創設し、上のような武力行使禁止の原則を誓ったのである。しかし、武力行使は、いかなるときも不可能であるわけではない。それが国際社会の紛争を解決するのに唯一の手段である場合は、国連憲章もこれを制限的に認めている。すなわち、国連の加盟国は、国連憲章6章による紛争の平和的解決のための努力を最後までするべきであるが、このような方法だけでは解決できない場合、国連安全保障理事会（安保理）の決議により最後の手段として武力行使ができるようになっている。これに対する規定が国連憲章41条および42条である。この規定の趣旨は安保理が武力行使をする場合においては、はじめから無条件に武力行使に入るのではなく、まず経済的制裁や外交的制裁の措置をとり、それでも目的を達成できないときには最終的に武力行使に入ることができるということである。

国連憲章41条　安全保障理事会は、その決定を実施するために、兵力の使用を伴わないいかなる措置を使用すべきかを決定することができ、且つ、この措置を適用するように国際連合加盟国に要請することができる。この措置は、経済関係及び鉄道、航海、航空、郵便、電信、無線通信その他の運輸通信の手段の全部又は一部の中断並びに外交関係の断絶を含むことができる。

国連憲章42条　安全保障理事会は、第41条に定める措置では不充分であろうと認め、又は不充分なことが判明したと認めるときは、国際の平和及び安全の維持又は回復に必要な空軍、海軍又は陸軍の行動をとることができる。この行動は、国際連合加盟国の空軍、海軍又は陸軍による示威、封鎖その他の行動を含むことができる。

　上の条項は、国際社会で武力行使は原則的に禁止されているが、例外的に安保理を通じた決議（国連憲章7章）による最終的な手段としては可能であるというこ

とである。これがすなわち国連の集団安全保障体制の原則である。ところで、国連憲章は集団安全保障体制以外にもうひとつの例外を許容している。これが国連憲章51条の自衛権の行使である。これは、平和に対する脅威および破壊行為が現存する状況で安保理が国連憲章7章の権限を行使するまでには時間がかかる場合、暫定的な措置として攻撃を受けた加盟国（あるいは、加盟国を中心にした地域集団安全保障体制）自らの自衛的な範囲の武力行使を許容するものである。

国連憲章51条　この憲章のいかなる規定も、国際連合加盟国に対して武力攻撃が発生した場合には、安全保障理事会が国際の平和及び安全の維持に必要な措置をとるまでの間、個別的又は集団的自衛の固有の権利を害するものではない。この自衛権の行使に当って加盟国がとった措置は、直ちに安全保障理事会に報告しなければならない。また、この措置は、安全保障理事会が国際の平和及び安全の維持又は回復のために必要と認める行動をいつでもとるこの憲章に基く権能及び責任に対しては、いかなる影響も及ぼすものではない。

　自衛権の発動要件は、上の規定にもあるように武力攻撃が発生した場合である。もちろんこの意味は、相手国から攻撃を先に受けた後にはじめて武力行使をすることができるということではない。いわゆる先制攻撃（preemptive action）も時によっては可能である。しかし、先制攻撃は相手からの攻撃の脅威が明らかに現存する場合にだけ可能になるものである。

3. イラク戦争は侵略戦争なのか

　アメリカとイギリスによるイラク進攻（2003年3月20日）を上の国際法の原則に照らしてみると、この進攻は侵略戦争としか考えられない。国連の集団安全保障体制の原則に違反しているとともに、自衛権の行使とは到底考えられないからである。

(1) 国連の集団安全保障体制の原則違反
　上で見たように、国連体制では、武力行使は自衛権の行使でないかぎり必ず安保理の決定によって行わなければならない、とされている。それにもかかわらず、今回のアメリカとイギリスが起した軍事行動は、安保理の決議なしに行われたこと

は明らかで、国連憲章に違反した武力行使である。これに対して、アメリカとイギリスは今回の軍事行動は憲章に違反するものではなく、集団安全保障体制に違反するものでもないと主張している。すなわち、今回の軍事行動では新たな安保理の決議が必要ないというのである。安保理の過去の決議だけでも、それ以上追加的な決議なしに軍事行動を起こすことができるというのである。彼らは、今回の戦争が国際法において違法であるという主張に対して、今までの重要な決議であった安保理決議678、687および1441を説明しながら、安保理の授権はすでにあったという結論を下しているようである。果たしてこれらの決議がイラク戦争の合法性を保障するのであろうか。

　合法論者たちがイラク戦争を適法とする主要な根拠は、安保理決議1441よりも安保理決議678であると見ている。この決議に使用された"あらゆる必要な手段（all necessary means）"に当然武力行使が含まれているという解釈がなされている。もちろん安保理決議678が表現する"あらゆる必要な手段"に武力行使が含まれることは自明である（そのため1991年の湾岸戦争は国際法違反ではない）。しかし、この決議は今回の戦争の合法性の根拠にはならない。それは、この決議が誕生した過程とその前後の事情を考慮すれば明らかである。安保理決議678はイラクが1990年8月クウェートに侵攻した際、安保理がイラクに即時軍隊撤収を要求する過程で出てきた決議で、湾岸戦争が起こる前の最後の決議である。すなわち安保理は、当時イラクに1991年1月15日までの軍隊撤収を最後通告し、これに従わなければあらゆる必要な手段により制裁すると警告したのである。その後イラクがこの最後通告にもかかわらず軍隊撤収をしなかったので、アメリカを含む32カ国の多国籍軍がイラクを攻撃したのである。したがって、安保理決議678の効力は法的に、多国籍軍がイラクを攻撃し、クウェート領土を再び取り戻すことで終わったと見るべきである。一部の人たちは安保理決議687によって安保理決議678は効力を終了したとする。

　これに対して、安保理決議687と同1441は、国連が1991年の湾岸戦争以後、イラクに武器査察と大量殺戮兵器の廃棄を要求する過程で出た決議として相互に密接な関係（subsequent relevant resolutions）にあると見ることができる。安保理決議687は、湾岸戦争が終わると同時にイラクに上の要求事項をはじめて提示したものである。そして、安保理決議1441は、安保理がイラクに対しこれまで武器査察と大量殺戮兵器廃棄を促してきた、決議687をはじめとする過去10年あまりの一

連の決議を想起しながら、イラクに最後に（final opportunity to comply with its disarmament obligations under relevant resolutions of the Council）要求を受け入れるよう促したものである。すなわち、安保理は、イラクが繰り返しの決議にもかかわらず国連の武器査察団（UNNOVIC）と国際原子力機関（IAEA）による査察と武装解除の努力に積極的に協力しなかったとして、即刻これらの努力に積極的に協力することを要求したのある。そしてイラクがもしこの義務に継続的に違反すれば、深刻な結果に直面すると警告したのである。

　アメリカとイギリスは、すぐに決議1441を援用しながら、今回の武力行使が安保理決議によるものであると主張した。しかし、上の決議がアメリカとイギリスに武力行使を許容したものであると見ることは、同決議の文理解釈上不可能である。安保理が武力行使を許容するときには、その旨を疑問の余地のない文言の決議とすることが原則であるが、上の決議ではこのような肝心なところを探すことができない。そして、この決議が武力行使を許容したと解釈することは本来の趣旨とは合っていない。決議1441の目的はイラクが継続的に義務に違反する場合、今後安保理による武力行使をはじめとする深刻な制裁を受けるであろうということを警告することであった。これはイラクが義務に違反する場合、自動的に武力行使を許容するものではない。このことは当時安保理の事実上の合意であった。決議1441審議過程で相当数の理事国はこの問題に直接的に言及している。このような事実は決議1441以後、アメリカとイギリスが武力行使が可能な新しい安保理の決議を得るために戦争直前まで外交戦を繰り広げたことからも簡単に理解することができる。もし彼らの言葉のとおり安保理の新しい決議がなくても、上の決議1441、あるいは過去の決議だけで武力行使が可能であるとするならば、あえてこの何カ月間彼らがそれほど新しい決議を求めてしがみつくことはなかったであろう。アメリカとイギリスは、安保理の新しい決議をしつこく要求したが、望みがなくなりそれを撤回しなかったのであろうか。そして、今になって新しい決議が必要がないと主張しているのである。このような行動は国際法の一般原則である禁反言の原則にも反することである。したがって、今回のイラク戦争は少なくとも国連の集団安全保障体制（国連憲章7章）の中では、とても説明することのできない戦争である。

(2) **自衛権の行使として見ることのできない軍事行動**

　上のように、今回のアメリカとイギリスによる武力行使は国連の集団安全保障体

制で必ず要求される安保理の決議のない不法なものである。にもかかわらず、アメリカとイギリスが今回の戦争は国際法において合法であると主張するならば、それは国連憲章51条の自衛権の行使に該当しなくてはならない。しかし、今回のイラク侵攻は、いくら自衛権の概念を広く捉えたとしても、その概念にはとても包括されない武力行使である。先制攻撃が自衛権の行使に入るとしても、イラクがアメリカやイギリスを相手に武力行使を行う危険は、どこにも存在しなかった。

　また、イラクの軍事力は湾岸戦争以前と比べると約40％の状態にも至らず、経済力もまたこの12年間持続的な経済制裁を受けて、とても他の国を侵攻することができる状態にはないというのが国際社会の評価である。このような状態で、あえてアメリカとイギリスが先制攻撃することは、切迫したイラクの武力侵攻を予想し先制攻撃をしたというよりも、実際の内情は、違うところにあったと見るのが妥当である。国際世論は、アメリカがイラクから安定的な原油の供給を受けるために、今回の戦争を通じてイラクに親米国家を打ち立てることが目的であると説明する。フセイン体制が崩壊しても米軍はバグダッドへ進撃するとのホワイトハウス報道官の発言から、その真意を把握することができる。アメリカは、2003年3月18日の最後通告では、戦争を防ぐ道はフセインがその地位から退くことであるとして、まさに戦争の目的がイラクの人民をフセインの圧政から解放することにあるという印象を植えつけていたのである。

　イラクがアメリカとイギリスに侵攻する可能性がひとつもない国であるにもかかわらず、両国が圧倒的な軍事力でイラクに対して戦争をしかけたのは、どんな論理によっても武力行使の例外である自衛権の行使であるとは見ることができない。

(3) イラク戦争は侵略戦争である

　今回の戦争が国際法に違反したということは難しくない結論である。そうであれば、この戦争を侵略戦争であると断定することができるのだろうか。筆者は最後に、国際法違反の戦争が必ず侵略戦争になるという等式は成立しないという側面から論じたい。従来侵略戦争の概念は国際社会で合意するのが難しい概念であった。しかし、第２次大戦以後、国際社会は侵略戦争の最小限の概念を定立した。すなわち、ナチ戦犯と日本の帝国主義者に対する軍事裁判を通じてまずその概念が定立され、この概念はその後国連体制が発展し、より一層普遍的な概念として確立した。おそらくこの概念を一番正確に整理したのは、1974年国連総会の侵略の定義

に関する決議であろう。ここでは侵略戦争の概念を"領土、主権または政治的独立を侵害するか、国連憲章に違反する武力の使用(武力の使用には軍隊による領土の侵略、爆撃、海上封鎖などがある)"と規定した。したがって、侵略戦争とは国連憲章に違反し、武力行使して他国の主権やあるいは政治的な独立性を侵害する一切の行為と定義しても差し支えない。このようにみるとき、今回の戦争を国連憲章に違反する侵略戦争であるとするのは特別に難しくないと考える。

　上の分析を通じて明らかになったことは、今回の戦争は国連憲章に明らかに違反する武力行使としてイラクの主権と領土そして政治的独立を侵害する侵略戦争であるということである。したがって韓国政府がこのような戦争に軍隊を派遣することは韓国憲法5条1項に違反する。

韓国の司法、第一の課題は「法曹一元化」である[1]

1. はじめに

　90年代以後、韓国の法曹界では司法改革という言葉がひとつの日常用語になってしまった。この用語は、法官（判事）制度、裁判制度、検察制度、弁護士制度そして法曹の養成などを含めた司法と関連した全分野を包括する非常に広い概念である。だが、韓国の司法が重病に侵されているとしたら、その病の核心は何であろうか。それは韓国の司法が国民の生活とかけ離れていることである。司法が少数エリートの専有物になっているということである。司法を国家権力のひとつとしてしか理解できず、国民にサービスするという概念は見当たらない。このような現象を一言で言えば、「司法官僚主義の病弊」といえるだろう。

　つまり、司法官僚主義の病弊こそは、韓国の司法の構造的な問題の核心である。我々は過去十数年の間、司法改革を論議しながら総花的論争を繰り広げてきた。司法の問題点がさまざまな観点から浮彫りになり、その原因と処方に関しても百家争鳴の論争が繰り広げられ続けてきたのだ。しかし、その構造的問題の核心は法官制度にあったのである。法官をどう選抜し、彼らの身分をどう保障し、他の法曹（とくに弁護士）たちとどのような関係を結ばせるかという法官制度に重大な欠陥があるために、韓国の司法は病んでいるのである。司法官僚主義の核心である法官制度がまともに改革されないかぎり、他の重要な司法改革の課題は実際一歩も前進できないであろう。あるいはそれが改革されずに裁判制度や弁護士制度を論じるのは核心を避けることにほかならないのである。

　本稿では、法官制度をめぐる問題を中心的に見てみることにする。何が問題で、

---

[1] 筆者はここ数年の間、韓国司法の最大の課題は法曹一元化と主張してきた。このような主張は現在の韓国の弁護士団体の意見とも一致するものである。2003年、大韓弁護士協会はこの問題で2回のシンポジウムを開催した。本稿は2003年5月に開催されたシンポジウムで発表したものである。

これを根本的に改善するためにはいったい我々が何に関心を置かなければならないかを、これまでの議論に従って整理してみよう。

さらに、検察官の役割は韓国の刑事司法の核心的要素である。検察官が国民から信頼されないとき、韓国の刑事司法も信頼されない。したがって筆者は、法官制度を中心に今日のテーマを報告しながら、紙幅の許すかぎり検察制度の問題点と改善方向についても簡単に述べることにする。

2. 韓国の法官任官制度の概観

(1) 法官（判事）の資格

韓国憲法101条3項では「法官の資格は法律で決める」としている。これにより法院（裁判所）組織法は、司法試験に合格し、司法研修院（司法研修所）の所定の課程を経た者と弁護士の資格がある者に対して法官の資格を認めている。軍法務官任用試験および実務考試に合格し、軍隊の法務官として10年以上勤めた者に対しても、例外的に弁護士の資格が認められる。

(2) 大法官（最高裁判所判事）

大法院長（最高裁判所長官）は、国会の同意を得て大統領が任命し、大法官は大法院長の任命の請求により国会の同意を得て大統領が任命する。注目すべきことは、2000年2月に国会法が改正され、人事聴聞会制度が導入されたことによって、大法院長と大法官の場合、国会の同意に先立って国会で人事聴聞会を経ることになった。大法院長と大法官は、15年以上判事、検事、弁護士または法律で定めたこれに準ずる職に就いていた40歳以上の者でなければならない（法院組織法42条）。

(3) 一般法官

下級法院の法官である判事は、大法官会議の同意を得て大法院長が任命する。判事を新規任用する場合には、2年間予備判事として任用し、その勤務成績を参酌して判事に任用する。ただし2年以上法曹経験のある者については、予備判事任用を免除するかその期間を短縮できる（法院組織法42条の2）。予備判事も大法院長が任命する。法官の人事に関する基本計画の樹立および人事運用のため

に、大法院長の諮問機関として法官人事委員会が設置されている。一方、大法院長は、判事および予備判事の勤務成績を評定して、その結果を人事管理に反映することができる。

(4) 法官の任期

　大法院長と大法官の任期は6年で、判事の任期は10年である。大法院長は再任できないが大法官と判事は再任できる。法官は、任期内であっても定年に達すると退職する。大法院長の定年は70歳、大法官の定年は65歳、判事の定年は63歳である（法院組織法45条）。

(5) 法官の身分保障

　法官は弾劾または禁固以上の刑の宣告によらないかぎり罷免にはならず、法官懲戒委員会の懲戒処分によらないかぎり停職や減俸または不利な処分を受けないことでその身分を保障されている（法院組織法46条）。公務員の政治的中立を確保するために、法官は政党に入るなどの政治的活動を行えない。法官が重大な心身上の障害により職務を遂行できないときは、大法官の場合には大法院長の要請で大統領が、判事の場合は大法院長が退職を命じることができる（法院組織法47条）。

(6) 現況（2003年2月29日現在）

　大法院長と大法官を含む法官の定員は1,888名であり、司法研修院の教授などの定員外の法官まで含む現員は1,688名である。各級の法院の判事などが定員法によって2003年に80名増員され、2004年から2005年までの2年にわたって100人ずつ各々増員することになった。一方、予備判事の定員は300名で、現員は224名である。

3. 法官人事と関連した韓国司法の現実

(1) 死を呼ぶ司法研修院教育

　司法試験合格生1,000人時代を迎えて、韓国の司法研修院は瑞草洞（ソチョ）時代を終え、2001年の冬にソウル近郊の京畿道高陽郡（コヤン）一山（イルサン）に移った。新しい研修院の建

物は地上10階、地下1階の総面積18,000坪で、過去の瑞草洞の研修院の2.8倍の規模であり、各種の最新マルチメディア装備を備えた21世紀型施設である。

　しかし、そのような施設が教育の質を保障するものではなく、我々の社会に真に必要な法曹の養成を保障するものではない。むしろ研修生たちの無謀で非生産的な競争を増幅するのみである。今、一山の司法研修院は韓国で最も競争の激しい教育機関で、研修生たちの学業に対する負担はまさに殺人的といえる。なぜなのか。

　卒業と同時に、法官をはじめとした法曹に就くことへの望みからである。若い法官になるための彼らの競争は年とともに激しくなり、ついには31期生修了試験で研修生死亡(過労死)事件(2001年)という悲劇が起きた。33歳の女性研修生は望んでいた法服の代わりに壽衣(死者に着せる服)を着ることになり、同期生たちはその葬式で嗚咽を漏らすという事件であった。なぜこのような事件が起ってしまったのか。それは単に一個人の不幸であったのか。筆者はそうは思わない。それは、韓国司法に根づいている司法官僚主義の幻想が引き起こした悲劇であったのだ。

(2) 権威なき法院

　韓国の法廷は権威がない、と法律家たちは漏らしている。このような指摘は、法律家たちだけでなく、一般市民から囁かれることも少なくない。なぜなのか。

　大きな理由は、法官たちの経験不足と年少であることではないかと思われる。韓国は年齢と経験が尊敬と権威の源泉になる社会である。年齢はともかく、経験という側面は、欧米でも法曹の権威を確保するのにたいへん重要な要素であろう。にもかかわらず、韓国の法院ではこのような尊敬の尺度が具現されていない。

　若くして司法試験に合格すると20代中盤を過ぎれば法官になれる。そんな法官が数年過ぎると単独の判事を務めることになる。今、韓国の法廷はこのような若い法官によって占められている。何の社会的経験もなく、ただ聡明だという理由ひとつで(否、司法試験と司法研修院の成績がよかったという理由だけで)、彼(女)らが法服を着て裁判の進行をする。経験が多く、世間の理をある程度心得ている一般の当事者たちと弁護士たちにとって、このような法官はどうにも受け入れがたいものであり、彼(女)らの裁判の進行と判断を全面的に尊重できない雰囲気が醸し出されている。これはひとえに当事者と弁護士に原因があるのだろうか。

(3)　中途退官する法官たち──法院は大物弁護士の養成所

　法官に定年はあるが、韓国で定年まで勤め上げる法官たちは過去数十年の間数えるほどであった。大部分の法官たちは昇進しなければ退職したり、経済的な理由で中途退官するのである。
　韓国では法曹の悪いしきたりで、いわゆる前官礼遇という慣例がある。判事や検事出身の弁護士に対して法院や検察庁が目に見えない特別な待遇をするというものである。中途退官する法官たちは、まさにこのような礼遇を予想しながら辞めていくのである。法院を大物弁護士の養成所だといっても過言ではないだろう2)。

(4)　前官礼遇の弊害

　法官たちは定年前に弁護士へ転職するが、そのことによって出てくる問題が前官礼遇という恥ずべき慣例である。これらの慣例をより詳しく知るためには、4年前全国を騒がせた大田（テジョン）の李鍾基（イジョンギ）弁護士事件を振り返ってみよう。
　当時、ある新聞は前官礼遇について、「法曹界では判事や検事が退職して開業する場合、同僚だった判事や検事たちが『前官』が持ち込む事件は大目に見るので事件処理が不公平になる。刑事事件の場合、捜査の段階で拘束が不拘束に変わったり、拘束された被告人が保釈で解放されたりなど、前官には特典があるため、既存の弁護士たちとは比べ物にならない『競争力』があるのである。現役の判事、検事たちも自分たちが退職したあとのことを考えて、助け合いのように前官礼遇の慣例に参加している」3)と分析したことがあるが、このような世間の考えがまったく根拠のないものなのか。重要なのは、韓国の法曹たちがこのような慣例を否定するとしても、世間はそう認めてはくれないという事実である。
　このような現象を根本的に拭い去る方法は何であろうか。判事たちが弁護士になるという誘惑なしに、定年まで勤められる方法がないものだろうか。

---

2) 現職の判事がこのような状況を辛辣に批判したこともある。現在ソウル地方法院の部長判事である文興洙（ムン・フンス）判事は法官通信網（インターネット通信）の、「真の司法改革を望む国民たちに送る言葉」という題の文章で「現在、抜擢昇進制度によって昇進から脱落した判事が退職することによって、法院は大物弁護士の養成所と化している」といい、また「法官の定年を保証し、再任命制度を廃止しなければならない」と主張した（1999年2月6日付朝鮮日報）。
3) 1999年1月11日付朝鮮日報。

⑸ 成績順の人事

　韓国の法曹にとって最大の個人的関心事は、自分に対する人事である。法律上では法官には大法官と判事の区別があるのみだが、現実はそうではない。地方法院陪席判事─地方法院単独判事─高等法院陪席判事─裁判研究官─地方法院部長判事─高等法院部長判事─地方法院長─高等法院長─大法官、という順の昇進制度が厳然と存在し、このような垂直式昇進過程で落ちこぼれる場合、法官たちのプライドは退職しなければならないという強迫観念を生み出すのである。そればかりではない。任地や補職の決定でも、その競争は激しい。しかしこれらの昇進や任地・補職決定の決定的要因になるのが、司法研修院の卒業成績なのである。前に見た研修院試験での死亡事件は、まさしくこのような状況で発生した悲劇なのである。

　このような深刻な問題点に対して、現職の判事たちの間でも辛辣な批判が起きている。以前この問題を指摘した鄭鎭京(チョンチンギョン)判事は、「現在、法院の序列制度は、新羅時代(紀元前7世紀頃の時代)の骨品制度(身分制度)やインドのカースト制度に比べられるほど、判事たちに身分として作用している」と刺激的な発言をし、「法官の硬直した思考と官僚化の原因は、司法研修院の卒業成績が地方法院の部長や高等法院の部長昇進にまで影響を及ぼす、徹底的な成績中心の人事のせいだ」と、現在の成績中心の法官人事を批判した4)。

　このような法官人事の慣例は、ついには違憲論争にまで発展している。文興洙(ムンフンス)判事は、抜擢昇進を柱とした現在の法官人事制度は、司法部の独立と民主化の妨げになる違憲的制度であるとして憲法訴願をした。文判事は大法院長を相手にした憲法訴願審判請求書で、法官勤務成績の評価と関連した大法院の規則、法官報酬に関する法律、高等法院部長の昇進制度、法官の再任命制度などの法院規則および法律の4つが、憲法に保障された判事の平等権および人格権などを侵害していると主張した5)。

⑹ エリート主義の本山──権威主義と官僚主義の蔓延

　韓国の法官のほとんどが、司法試験と司法研修院の成績優秀者で占められてい

---

4) 2002年4月14日付朝鮮日報。
5) 2002年4月7日付朝鮮日報。

る。受験競争で成功した人々が持つ、1つの懸念される現象は、権威主義的エリート主義である。天才が必ずしもよい法曹、よい法官になるという保証はどこにもない。にもかかわらず、エリート主義に染まった法官たちは、若かりし頃の小さな成功によって、ともすると法曹としてあってはならない権威主義に捕らわれることになり、韓国の法曹界ではこのような雰囲気がいまだかなり感じられる。このような雰囲気によって、市民から、法曹とくに法官が敬遠される1つの理由になっている。

4. 法官制度の改革——法曹一元化とその実現の条件

(1) 国民参加の過程としての法曹一元化

　司法改革の方向を分析すると、結果的に2つの流れを発見することができる。1つは、現在の司法の危機を司法官僚主義に見出し、これを根本的に改めなければならないという見解である。この方法論の核心は国民の司法参加を最高の価値とすることである。もう1つは、司法の危機は認めるが、韓国の特殊な法律文化を強調しながら現状維持的な対応策を探ろうとするものである。この方法論が前者と異なるのは、司法官僚主義の根幹は維持したまま改善案を求めることにある。今日論議する法官制度の改善案も、実際このような方法論の差異によって改善策は根本的に異なってくる。司法官僚主義の現実をそのまま認めつつ法官制度を改めていくのか、もしくはそのことに根本的な懐疑を提起し大手術を敢行するのかが問題なのである。

　筆者は、現在の状況を根本的に打開する道は、果敢に司法官僚主義の旧態から抜け出すことと信じている。国民の声、市民の考えを制度的に保障する方法に韓国の司法は変わらなければならない。その1つの方法こそが法曹一元化の早急な導入である。このため、司法研修院の修了と同時に法官に任命する制度は、今や一日も早く廃止されなければならないのである。

　法曹一元制度が取り入れられると、社会的経験が豊富な法官が裁判を進行するので、社会の健全な法感情に合った裁判が可能になり、国民から信頼される裁判を行えることになるであろう。また、十分な法曹経験を持つ者が法官に任命されると、昇進の概念がなくなるため、法官の官僚化を防ぐことができ、司法権の独立と民主化を期することができるというメリットが出てくる。また、前記した「前官礼遇」の問題も解決するのだ。判事の職に就いていた者が退職し、弁護士として開業す

るのではなく、弁護士の職にいた者が判事に任用されるのが法曹一元化の最も大きな特徴だからである。

しかし、このような制度を導入することには簡単に賛成できるが、具体化については、非常に複雑で難しい問題が潜んでいる。

(2) 法曹一元化の概念

法曹一元化の概念は論者によってさまざまに定義されているが、その核心的内容は、法官の供給源を一定期間以上の弁護士の経験のある者のなかから選ぶというものである。一般的に法曹一元化を論ずるとき、検事の任命方法にも必要な制度として説明されるが、その比重は法官に比べて弱いのが事実で、検事が判事に任命されるのも法曹一元化の1つの内容として説明できるが、法曹一元化の本流ではない。

しかし、検事の権限と社会的影響力を考慮したとき、法曹一元化をもっぱら法官人事制度に限らせるのは望ましくない。韓国の検事は独任制で、単独官庁である。法官は陪席判事という制度を通して自分の未成熟を整える機会が与えられるが、検事はそんな機会さえも与えられず、任官と同時に検察権を行使しなければならなくなる（だからこそ検察内の決裁制度にある程度の必要性が認められるのだ）。よって、法曹一元化が未成熟な法律家による判断を防ぐことが大きな目的ならば、韓国の検事人事制度でこれを論議しないのは問題がある。

韓国で法曹一元化を論じる際に忘れてはならないのが、法学界の動向である。日本では、最近まで一定の経歴のある法学の教授に弁護士の資格を与えていたが（この制度は2004年初めに廃止となった）、韓国ではまだそのような制度は設けられていない。したがって韓国の法学界は、持続的に一定期間（10年）の経歴を持つ法学の教授たちに弁護士の資格を与えるよう関連法を改正するよう要求している6)。このような雰囲気のなか、法学の教授たちは、法曹一元化を論議しながら、一定期間以上の経歴を持つ法学の教授にも当然法曹の一員として法官の資格が与えられるべきだと主張している。これに対し、この問題に前向きに検討すべきだ

---

6) 2002年7月、韓国法学教授会は、傘下の弁護士制度研究特別委員会で研究した案を中心とした弁護士法改正の請願を法務部（法務省）に出したことがある。その主な内容は、一定の資格要件を備えた法科大学（法学部、法学科）に所属する法学の教授に弁護士の資格を与えるとするものである。

という一部の見解も法曹界のなかにはあるが、多数は否定的なようである7)。

(3) 法曹一元化に対する法曹内での反応

　法曹一元化に対して法曹界は、原則的には賛成しているが、その実現方法については非常に慎重な態度を見せている。法院の立場は、1990年代の初め、法院行政処（最高裁判所の行政担当部署）の司法政策研究審議官室が発行した司法政策研究資料集によく表れている。この資料集に見られる法官人事制度に関する研究結果は次のとおりである。

　長期的には判事の任用資格を弁護士あるいは検事経験10年に格上げし、弁護士や検事からの判事の任用比率を高めること、判事の職級制度をすべて撤廃すること、法官任期制を廃止もしくは緩和すること（たとえば地方法院判事を10年、高等法院判事を10年など）、地域法官制を実施すること、などを提言として示した。そして短期的には、法官の任官資格を法曹経験5年以上の者にし、司法補佐官制度を創設し、法官職級制度を単純化し、法官再任用制度の緩やかな運営を通して、現行の法官10年任期制を緩和もしくは廃止することを提示している。

　上の研究結果はその後、予備判事制度の新設、司法補佐官制度の創設、在野弁護士の漸進的な法官任用の拡大などを通して司法制度の改革に反映されている。一言でいえば、法院の立場としては、長期的な目で見た場合、法曹一元化を志しながらも8)、短期的には現在の司法官僚主義を維持、補強するのだと整理できる。

　弁護士団体や弁護士個人個人の考えでは、法曹一元化が韓国の司法制度の必須的制度として導入されなければならないということにはとくに抵抗はないようである。判事出身の弁護士たちに、弁護士開業の数年後に法曹一元化に対する見解を聞くと、ほとんどが、判事の時にはそういった必要性を感じられなかったが、弁護士になってみるとその必要性を切に感じるという人が意外に多いということはひとつの実証的な例といえる。ただ、弁護士のなかでも一部は、この制度に対して原

---

7) 否定的に見る見解としては、既存の韓国の法学者たちは法の実務とはほとんど関連を持たずに研究してきたため、彼らに法曹実務資格を与えるのは適当ではないとするものである。たとえば、法哲学や国際法など、ほとんど国内の法の実務とは関係のない法学の分野を研究している学者を考えてみよう。

8) しかし、上の記述からもわかるとおり、法院の考える法曹一元化は、その内容に検事の判事への転官が含まれていて、法官任命方法を法曹一元化によって完全に統一するという意思はないようである。

則的には賛成するが、法官の公正性の低下、裁判業務の能率低下、法官の資質の低下などの可能性に懸念を示している9)。

　法学界が法曹一元化を要求したのは古い話である。代表的なものとして、韓国法学教授会は1995年4月11日、大統領、国務総理、国会議長、世界化推進委員会（当時、司法改革を主導していた大統領傘下の委員会）などに法学教育と司法改革に関する意見を出したことがあるが、この建議文のなかで法学の教授たちは「法官は、10年以上弁護士、検事、教授として活動していた経歴を持つ者のなかで、経験が豊富で能力が卓越した人物を任命するべきである」と主張した10)。注目すべき事実は、前で見たとおり法学界は法曹一元化に法学の教授を含ませているという点である。

　マスコミなどが法曹一元化に関心を持つことは、95年度の司法改革論議の過程の各種記事を参考すれば明らかである。当時、マスコミはほとんどが現在の法官人事制度（研修院の卒業生を対象とした任官制度、法官の職級制度、昇進制度など）を批判しながら、経験豊かで徳望のある弁護士のなかから法官を任命すべきだということを主張した。

　金大中政権では、大統領諮問機関である司法改革推進委員会（司改委）が作られ、再び司法改革問題が論議されたが、この過程で司改委は法曹一元化の方向性を宣言した。司改委は、当分の間は法院と検察が現行の新規任用制と弁護士経験者任用制を並行させるが、長期的には5年以上の経験の弁護士や法務官のなかから全員を新規任用するという法案を推進する案を出した11)。

(4) 法曹一元化のための前提条件

　この間、司法府が法曹一元化を検討し、その前提条件としてまとめている事項はおおよそ次のとおりである。

　①法曹に対する国民の尊敬と信頼。
　②判事の地位と判事に対する待遇の保障。
　③法曹の数の確保。

---

9) 柳重遠（ユ・チュンウォン）「韓国での法曹一元化制度の考察」1999年度ソウル・大阪両弁護士会の交流会での韓国側の発表文。
10) 韓国法学教授会編『司法改革、こうするべきだ』（キルアン社、1995年）139頁以下。
11) 1999年11月26日付朝鮮日報。

④判事選抜の公正性。

⑤任命された判事が従前の人間関係を果敢に断絶し、厳格に判事の職務を遂行できる社会風土12)。

以上の条件は客観的な制度の変化で実現しうることもあるが、一部は法曹文化自体の変化を条件としているため、条件が満たされるのは短時間内ではほとんど不可能だともいえる。おそらくこのような条件がすべて成熟するのを待っていては、法曹一元化の目標は永遠に到達できないことになるであろう。こういった面から法曹一元化のための前提条件で筆者は、核心的条件と二次的条件を区別し、核心的条件に対する最小限の保障が確保されればすぐさま法曹一元化を実行するのが妥当であると考える13)。そうであればその核心的条件とは何か。

第1に、法曹一元化に対する弁護士会の役割 である。

現在、韓国の司法の現実と憲法の秩序のなかでは、法官の任命方法が根本的に変わる可能性はない。つまり、法曹資格を持っている者のなかで大法院長(大法官の場合は大統領)が任命する方式である14)。よって法曹一元化をなしえたとしても、その形式は任命権を持っている者が弁護士を法官に任命し、おのおの適した法院に配置することになるであろう。問題は任命の過程である。もし任命権を持っている者が独断で弁護士を判事に任命するとなると、今までの秩序に順応する弁護士だけが判事になるという現象が起りうる。それは、法曹一元化という美名の下、司法官僚制を拡大し、再生産することを意味する。つまり、法院が弁護士のなかで判事を任命するのに優先権を持っている点を利用して、すでに確立されている官僚制、もしくは慣行を受け入れそうな弁護士だけを任命し、形式的には法院が法曹一元化に寄与しているという印象を得ながら、事実上官僚制をそのまま維持するということである15)。

上のような形式的な法曹一元化を払拭させる唯一の方法は、弁護士会が法曹一

---

12) 法院行政処『判事の人事制度と進級制度の研究報告書(上)』司法政策資料第6集162〜163頁。
13) 同じ意見としては、民主社会のための弁護士会(民弁)『司法改革意見書』(1999年12月)39頁参考。しかしここで踏まえておくことは、これらの必須条件をすべて満たしたあとで、法曹一元化をすることはできないということである。ともに進める問題であって、必ずしも先後の概念ではない。
14) 韓国憲法104条で、大法官でない一般法官の任命権は大法院長にあることが記されているため、この変更のためには憲法を改正しなければならない。
15) このような批判は注13)の民弁『意見書』27頁に記されていて、民弁はこれを法曹一元化とは区別される逆一元論だと表現した。

元化のための現実的プロセスに積極的に介入することである。弁護士を判事に任命する過程で、弁護士会が推薦権などを行使して、判事たちの勤務形態を調査し、判事の継続的な勤務にどういった形にせよ影響を与えることが必要であるといえよう。そういった面で、現在の韓国の弁護士任官制度は問題がある。最近になって毎年かなりの数の弁護士たちが判事に任命されているが、彼らの任命過程で弁護士会は何の影響力も与えられていない。法院は弁護士を法官に任命するにあたって、もっぱら自分たちの計画と意図によって任命しているのが実状で、司法官僚主義の根本は少しも崩れてはいないといえるのである。これに比べ日本の場合は、最近弁護士の任官制度をだんだんと拡大しており、その方法においても弁護士団体の推薦を通しているということは注目すべき点である16)。

第2に、法官人事制度の変化を挙げることができる。

現在、韓国の法官人事制度では、一般法官が高等法院部長判事に昇進できなかったら40代後半に法官職を辞めなければならない。こんな制度の下では、一般法官で、40から50歳以上の経験と徳望のある弁護士たちが法官になるのは原則的に不可能である。また、30代に法官になろうとする場合にも、将来的に厳しい昇進競争を勝ち抜いてずっと法官として奉職できるかが不透明なため、法官への転職申込み自体を避ける要因になっていると思われる。よって法曹一元化のためには長期的に法官終身制を導入するか、少なくとも法官が定年まで安定的に勤務できる人事制度を導入するなどの対策が先行されなければならない17)。このために、地方法院および高等法院の法官全員に対して単一号俸制（同じ階級下の俸給制度）が実施されるべきである。

法曹一元化が実行されるためには、以上だけでなく地域法官制と専門法官制が考慮されなければならない。弁護士の誰もが今のように自分の意思に反して他の地域に転補（転勤）される状況で法院に属したいとは思わないであろうし、専門的な領域に従事していた弁護士が法官になろうとした場合、専門分野の仕事を持続的に受け持つことが保障されなければならないであろう。

また、現在実施している予備判事制度は法曹一元化の理想とはかけ離れており、

---

16) 日本弁護士連合会は、裁判官の任命権を持っている最高裁判所との協議を通して日弁連が任官の推薦基準および推薦手順を策定し、この基準と手順を通じて弁護士を判事候補者に推薦できるようにしている。この合意は2001年12月7日になされている。
17) 李聖昊（イ・ソンホ）「法曹一元化の方向と前提条件」時事法律2003年4月号39頁。

現在の官僚的司法構造でも大してためにならない制度である。廃止するのが妥当であり、法官制度が全面的な法曹一元化の方向に向かう場合、アメリカ式のロー・クラーク制度を導入し、経験と徳望のある法官たちを補佐する制度を作るのが必要であると思われる[18]。その場合、研修院を出たばかりの優秀な若い弁護士たちが、今までとは違った大法院や高等法院などの法官のクラークとして活動できるようにすれば、司法の質を高められるよい機会になると思われる。

上のような法官人事制度で重要なもうひとつのポイントは、法官の身分を徹底的に保障する代わり、これに対する自浄機能と外部監視機能の創設が必ず必要だという点である。定年まで昇進と脱落の危機なしに法官生活ができる制度は、必ずや法官たちの怠惰と権威主義を呼び起こすおそれがあるからである。

第3は、経済的条件 である。

現在、韓国では判事たちが中途退官し弁護士になろうとする欲求を刺激する大きな要因が、弁護士と判事の間の経済的な格差である。それほど、判事の処遇がよくないということである。となると、司法研修院を卒業する当時は判事になろうとした人々も、何年か弁護士をしているとそういった欲求は顕著に減ってしまうことになる。よって現在の経済的構造をそのままにして法曹一元化をするとなると、有能で資質のある弁護士たちが大勢法官になるというのは現実的に難しい。判事の処遇に対してより大きな関心が求められるといえるのである。

だが、この経済的な問題は時間とともにある程度は自然に解決できるものと思われる。十数年前まで弁護士の平均所得と法官の平均所得は比較にならないほど格差が大きかった。しかし、弁護士の数の急激な増加はその差を急速に狭めている。近い将来、経験20年の弁護士の収入と同じ経験を有する法官の収入はほとんど差がなくなるものと思われる。

5. 法曹一元化の具体的な方法論

(1) 第1段階——法院の人事制度の改革

上で見たとおり、法曹一元化の前提条件は法院の人事制度の改革である。今の

---

[18] 日本でも司法改革の論議の過程で、法曹資格を持つ裁判所調査官制度が論議され、司法制度改革審議会は最終意見書にこれを反映した。

ような昇進制度、循環補職制度の下では有能で経験の豊かな弁護士が法官になることはできない。よって法曹一元化の第一段階は人事制度を新たにすることである。そのためには長い間論議されてきた単一号俸制を導入し、法官が昇進にかかわらず定年まで職務に専念できるようにすべきである。そして、第一審の法院では、経験の豊富な判事が単独判事に任命され、原則的に全事件を単独の判事が受け持つようにするべきである。そして、控訴審の法院では、合議部全員が同等の経歴の法官たちで構成されるべきである。そうなれば控訴審は自然と事実上の最終審になるであろうし、ごく少数の事件だけが大法院に上告されるであろう。

一般法官の任命は、高等法院単位で法官選抜委員会が作られ運営されることが考慮されなければならない。この委員会は、弁護士、法学者、または徳望のある社会人たちで構成されるべきである。委員会の決定過程には大韓弁護士協会および各地方弁護士会の推薦や意見書を提出できるように制度化することが必要である。この過程で大法院長は法官の選抜に関与できないようにし、ただ、任命は選抜委員会の推薦があれば憲法104条3項により大法官会議の同意を得て大法院長がするべきであろう[19]。

(2) 第2段階——5カ年計画の下での法曹一元化政策の遂行

第1段階で新たな法官人事制度を設けつつ、弁護士の法官へ任命を次第に増やしていかなければならない。また、それに反比例して司法研修院を卒業したての者および軍法務官の法官（予備判事）への任命は減らしていくべきである。既存の経験のない法官たちは相当の期間（10年ほど）陪席判事として勤めさせた後、単独判事に就けるようにしなければならない[20]。こういった期間が5年ほど過ぎれば、全面的に法曹一元化をできる状況になるであろう[21]。

---

[19] 鄭鍾燮（チョン・チョンソプ）「韓国において法律可増員システムと関連制度の改革」人権と正義（大韓弁協）1995年4月号81頁参照。
[20] 現在、法院組織法42条の3によると、法曹経験7年未満の判事は原則的に単独判事の職務に就けないようにしているが、これは法曹一元化の趣旨に照らしてみるとたいへん短い期間である。軍隊の服役を済ませた判事の場合は事実上除隊後4年が過ぎれば単独判事になれる。
[21] 5年後には韓国の弁護士の人口はおよそ1万人に達する。そうなれば法官に転職しようとする弁護士の数もかなりの人数を確保できるであろう。

(3) 並行推進——司法研修院教育の変化

　もし法曹一元化が進めば、現在のような司法研修院教育は根本的な改善を迫られる。研修院卒業後判事に任命される法官任命方法が次第になくなれば、司法研修院は当然、弁護士教育中心の機関に変わることになる。そうなれば、現在のように大法院が管掌する司法研修院よりも、第三者機関が司法試験合格者に対する実務中心の教育を担当するようにする方案が必要であろう[22]。判事や検事の業務と関連した教育は、判事や検事に任命された後、大法院の管掌の法官研修院や法務部管掌の検察研修院などで実施すれば事足りるのではないかと思われる。

(4) 並行推進の課題——非常勤判事制度の導入の是非

　この考え方はまだ韓国では比較的聞き慣れない概念である[23]。しかし、これから将来十分論議するに値するものだと思われる。法曹一元化の発祥国であるイギリスは、まさしく非常勤判事制度を通して法曹一元化にふさわしい裁判官人事制度を確立している。つまり、イギリスは裁判官をフルタイム判事とパートタイム判事に分けて裁判業務をしているのである[24]。この中でパートタイム判事は、RecorderまたはAssistant Recorderと呼ばれる判事たちだが、彼らは一定期間（通常10年）のバリスター（Barrister）またはソリスター（Solicitor）の資格を持つ弁護士で、判事に任命されると年間60日あまりの間、裁判業務を担当することになる。フルタイム判事も弁護士から直接任命されるよりも、この非常勤判事のなかから選抜されるのが常例だという。彼らが現在イギリスの判事のなかで占める割合は判事全体の50％を越えるという[25]。イギリスの考え方は、フルタイムの判事を任命する前に、まず弁護士のなかで有能で徳望を備えた人物を非常勤判事に任命し業務を任せてみた後、そのなかからフルタイム判事を選抜するというものである。

---

22) このような角度から、1999年司法制度改革推進委員会は司法研修院を国立司法大学院に改編する法案を提示した。
23) 鄭鍾燮教授は、この制度を非専任判事制度という名前で紹介したことがある。鄭・前掲注19)論文85頁。
24) イギリスの裁判所は上級裁判所（supreme court）と下級裁判所（inferior court）に分けられるが、上級裁判所はCourt of Appeal, High CourtおよびCrown Courtで構成され、下級裁判所はCounty CourtおよびMagistrate Courtで構成されている。このなかで上級裁判所の判事はLord JusticeとHigh Court Judgeといい、County Courtの判事はCircuit Judge, District JudgeおよびRecorder, Assistant Recorderという。このなかでRecorderとAssistant Recorderを除いた判事はみなフルタイム判事である。

韓国でこのような制度が可能であろうか。まだ制度がよく紹介もされず、研究もなされていない状況なのでなんともいいがたいが、不可能だとはいえない。むしろ、当分は判事と弁護士の経済力の格差もあり、そのため弁護士たちがフルタイム判事になるのを避ける状況では、これは経験のある有能な弁護士たちに年間一定の日数を判事として勤めさせる、フルタイム判事になる前段階の制度として非常に有効なものであると思われるのである。この制度が施行されるとすると、民事調停（家事調停を含む）事件、少額事件、民事申請事件、略式手続および即決事件などが優先的な対象になるであろう[26]。この制度はうまく取り入れられさえすれば、法曹一元化を実現するうえで、よい方法になりうると思われる。

6. 検察での法曹一元化

上で見たとおり、法曹一元化はもともとは法官人事制度で主に論議されるものである。しかし、その趣旨が有能で経験や徳望のある法律家に司法業務を担ってもらうことにあるとすれば、国民に強い影響力を及ぼす検察業務も例外ではない。法曹一元化の脈絡で韓国の検察人事制度を見ると、研修院を修了したばかりの初任検事にまで独任・単独官庁の権限を与えるのは問題がある。アメリカの制度から見ると、このような権限は連邦検事や州検事の地位ぐらいでないと得られないものなのだが（彼らは多年にわたる弁護士経験者から任命されたり選出されるので法曹一元が適用されている）[27]、韓国では、若い検事すべてにアメリカの連邦検事や州検事の地位が与えられているのだといえるのである。法曹一元が一般化しているアメリカの目で見れば我々の制度はたいへん危険な制度に見えるであろう。

上記のようなことを考慮すると、筆者は法曹経験10年未満の者については独任・

---

25) 非常勤判事に対する詳しい報告は、湯川二郎「民衆刑事司法と非常勤裁判官制度」『民衆司法と刑事法学（庭山英雄先生古稀祝賀記念論文集）』（現代人文社、1999年）1頁以下を参照。湯川弁護士の報告によると、1997年現在イギリスの判事の全体の数は2,238名だが、そのなかでRecorderが884名（39.50%）、Assistant Recorderが360名（16.09%）である。
26) 鄭・前掲注19) 論文85頁。
27) 実際アメリカの連邦検事や州検事は、韓国の検事長（日本の検事正）ぐらいの地位だといえる。連邦検事は、大統領が上院の承認を得て任命し、州検事は住民の選挙によって選ばれる。これらの検事は若い法律家たち（検事補、Associate）によって補佐されるが、検事補は法律上、ただ検事の補助機関であり、独自の権限を持たない。

単独官庁の検事としてすぐさま任命するのではなく、まず検事補として任命すべきだと考える。検事補は10年以上の経歴を持つ検事から指揮と監督を受けながら捜査をし、10年を過ぎてはじめて検事に任命され独自に捜査をできるようにするべきである。このような状況が受け入れられれば、検察官同一体の原則は多くの部分が修正されざるをえなくなるであろう。つまり、検事と検事補の関係は確かな上命下服の原則が適用されなければならないが、検事同士の関係は緩やかな、もしくは変形された検察官同一体の原則が適用されるべきである28)。

具体的には、現在の検察はおおよそ10年以上の経験（弁護士経験を含む）を持つ検事と2、3人の検事補で作られた小チーム制に変えていくのがよいと思われる。これは現在の「部」の概念よりは小規模なので、今よりずっと多くの部を抱える効果があるだろう29)。もちろん必要によって、特別なチームの場合には2人以上の検事と多数の検事補を置くこともできるであろう。しかし、どんな場合にも、チーフである検事には今の部長検事より大きな責任と権限を与える必要がある。捜査に関するかぎりチーフによる決定は最終的なものになり、検事長などによる今のような決裁制度を続ける必要はなくなるのである。検事長は検察行政（たとえば、検事および検事補に対する補職人事権および懲戒上申権など）の責任者としての権限を行使するのがよいだろう。

また、上記のように検察が変わるとしたら、あえて現在の高等検察庁を維持する必要はないと思われる。地方検察庁に控訴と抗告部を設置し、控訴事件と検察抗告事件30)を担当すればよいのである。地方検察庁と大検察庁（最高検察庁）の二元組織に検察を変えていく方向に検察改革の大まかな計画を立てる必要があるだろう。

---

28) こういった考え方は、実際今の検察組織を大きく変えずとも可能であると思われる。現在の副部長検事ぐらいの経歴の持ち主は検事に任命され、それ以下の検事は検事補に任命され検事をチーフとする部の所属員になるのである。起訴と公判維持はすべて検事の名の下に行われ、検事補はこの過程で補助者の役割を行う。指揮と監督は決裁という方法でなされ、そのレベルと方法は今よりはより実質的なものになるであろう。
29) 事実上このような考え方は、最近の部員のない大検事制度を少し変形したものだといえるが、あえて名前をつけるとすると小部長制度といえよう。
30) 韓国では、地方検察庁の検事が不起訴処分をした場合、告訴（告発）人は高等検察庁に抗告することができる。これを検察抗告制度という。

韓国の司法改革は今[1]

1. 韓国のこの10年

　韓国では、この10年間ほど、常に司法改革の問題がマスコミや弁護士団体から提起されており、そのような動きを受けて韓国の司法界では、わずかな変化はあったが、本質的な変化はいまだ光が見えてこない状況である。韓国は日本よりもずっと早く司法改革問題に着手したが、最近の動きは、日本よりも遅れている。
　この10年間の韓国での司法改革の流れを簡単に説明する。
　まず、3つの司法改革に関する委員会が設置された。
　1番目は、1993年の司法制度発展委員会である。この委員会は大法院（最高裁判所）が主導し、大法院が任命した法曹——弁護士や判事、検事——、法学者、マスコミのジャーナリストなど31名からなる委員会である。
　2番目が、1995年の金泳三大統領の諮問委員会である世界化推進委員会である。この委員会は、青瓦台——大統領の秘書官——と大法院とが共同で設置したが、実質的な影響力は大統領側が持っていた。
　3番目は、1999年に金大中大統領の下で設置された司法制度改革推進委員会である。この委員会は、大統領の諮問機関として出発し、法曹7名、マスコミ各社から20名、総勢27名からなる委員会として88カ月間活動した。

(1) 1993年——司法制度発展委員会

　1993年の委員会では、どのように裁判を効率的にするかという裁判機能の改革が主な目的であった。常設簡易法院の設置、高等法院の支院の設置、副判事制度

---

[1] 本稿は、2003年2月1日、日本民主法律家協会名古屋支部主催のシンポジウムで講演したときの講演録（法と民主主義378号）に加筆・訂正をしたものである。講演録を作成した名古屋の鈴木含美弁護士に感謝する。この講演の後、現在、韓国では、4番目の司法改革が進行している。2003年末から大法院に司法改革委員会を設置し、法科大学院、法曹一元化等の課題を検討している。

の創設などを研究した。これらの研究は後にすべて制度として実現した。簡易法院は市・郡（市・郡は、韓国では都道府県の下の行政区画である）法院、副判事制度は予備判事制度と変更された。この委員会では、国民のための裁判制度改革も議論された。韓国では95年までは身柄を拘束する際に、判事による審査制度がなく、韓国が90年に加入した自由権規約に違反するとの指摘があった。そこで、拘束令状実質審査制（日本の勾留質問制度）が必要との論議が起こり、95年の刑事訴訟法の改正の際にこの制度が導入された。

(2) 1995年──世界化推進委員会

　95年の世界化推進委員会と99年の司法制度改革推進委員会の中心的な問題は、法曹人口、法曹教育の問題であった。とくに95年はロー・スクール（法科大学院）問題が中心的に議論された。このときまで、韓国は日本とほとんど同じ状態であった。

　韓国では法科大学、法学部が全国にあり、95年頃は1学年の学生数は約6,000～7,000人、4学年あわせて約25,000～60,000人の法学生が全国にいたにもかかわらず、当時司法試験の合格者数は全国で300人だけであった。司法試験受験者は20,000人以上、1.5％以下の合格率で、このような低合格率は世界でも日本以外にあるかどうかわからない。

　韓国の市民、マスコミ、人権団体から、このような制度は本質的に変えなくてはならない、という強い意見が出された。もちろん、私を含め弁護士団体は強く反対した。大韓弁護士協会（大韓弁協）としては、重要なことは需要で、300人以上の新人弁護士が必要なだけの需要があるのであれば弁護士の数を増やすことに賛成するが、私たちが見るところ韓国ではそれだけの需要はない、という見方を持っていた。

　ロー・スクールを作ることについては、弁護士団体としての反対の理由は2つであった。1つは、ロー・スクールを作ると弁護士の数が急激に増えることになるということ。もう1つは、アメリカ式のロー・スクールを持ってきても、韓国とアメリカは法律文化の歴史が違うし、教育方法が違うのだから、いったいどうすれば韓国でアメリカ式のロー・スクールが実現できるのかということである。私も大韓弁協の代表として、そういう意見書を書いた。

　こうした弁護士団体の強い反発に加えて、多くの学者がロー・スクールの動きに

ついて反対した。

　その結果、世界化推進委員会の結論としては、司法試験合格者の数を増やすことについてだけ合意した。95年までは合格者の数は300人であったが、96年には500人、97年には600人、98年には700人、99年には800人、2000年には900人、2001年には1,000人と、急激に増やすことに合意し、2000年以降は1,000人ないし2,000人の合格者を出すことになった2)。

(3)　1999年──司法制度改革推進委員会

　99年の司法制度改革推進委員会の活動で最も重要な問題は、法曹養成問題──ロー・スクール問題であった。この最終報告書は、法曹養成について、ロー・スクールには反対するものの、現在の司法研修院（日本の司法研修所）は廃止し、その代わりに韓国司法大学院を作ることを提案した。

　この大学院は、国家が設置するロー・スクールである。最初は1つ、将来は2つ、3つと作り、研修期間は2年、卒業後1年間、弁護士は弁護士研修機関で、検事は検察官研修機関で、判事は判事研修機関で別々に研修する。現在の司法研修院の修習生は公務員身分であるが、この韓国司法大学院の学生は学生身分とする。これが99年の委員会が提案した法曹養成制度であった。これと同時期に、教育問題を研究する「新しい教育共同体委員会」が大統領の下に設置され、この委員会では、95年に検討したロー・スクールがもう一度提案されている。

　結局、99年のこの委員会の報告書の内容は、まだほとんどが実現していない。2003年2月25日からは、盧武鉉（ノムヒョン）大統領による新しい政権が始まるが、その新しい政権の下でもう一度司法制度改革問題の検討が始まり、99年の司法制度改革推進委員会の報告書はもう一度検討されるだろうと考えている。

2.　韓国の司法制度の問題

　以下では、これらの委員会にかぎらず、過去10年間、今現在、そして近い将来に韓国の司法制度問題の中で重要となる点を説明する。

---

2) 2000年以降の合格者数は、現在、1,000人を維持している。

(1) **法曹養成問題**

　1つ目として法曹養成問題があるが、将来も重要な問題になると思う。

　95年の報告に比べれば、私の考え方はずいぶん変わり、今の段階では、私は、韓国でもロー・スクールを積極的に検討しなければならないと思う。その理由は次のとおりである。韓国は現在、司法試験合格者数は1,000人で、今後この数は増えることはあっても減ることはない。問題は、1,000人以上の合格者を1つの司法研修院で教育することが望ましいことかどうかである。弁護士団体も最近、この問題についていろいろ検討しているが、現在の研修院の教育では1,000人以上の合格者を適切に教育することはできないので、韓国の法曹養成制度を変えなくてはならないと思う。

　これには2つの方法がある。まず、99年の委員会が提案した国家が設置する国立系法科大学院も1つの方法である。しかし、この方法は、合格者を教育するには有益であっても、既存の全国70カ所以上の法科大学との関係性がなく、この大学院を設置しても今の法科大学によい影響を与えることはできない。したがって、国立系法科大学院の設立は、将来の韓国の法学、法律教育全体のためには望ましくないと考える。

　もう1つの方法として、アメリカ式の法科大学院制度がある。法律家になるためには、現在の学部レベルの法科大学ではなく、大学院レベルの法科大学院を卒業すべきとの構想である。もしこの方法が採択されれば、韓国の法曹養成制度は根本的に変わることになるだろう。

　現在、韓国の弁護士団体の一般的雰囲気は、法科大学院構想に反対するものであるが、大勢はそのような方向にいくのではないかと思う[3]。

(2) **人権問題**

　2点目は、人権保障制度である。身体拘束制度を含めて、韓国にはまだいろいろな問題がある。韓国には国家保安法があり、捜査段階、起訴前段階で50日間身柄拘束ができる。こうした長期間の身体拘束については、国際社会から多くの批判がなされている。拘束期間の短縮や、拘束段階での裁判官によるチェック体制は引

---

[3] 2003年末に設置された大学院司法改革委員会の主流的意見は、アメリカ式法科大学院とのことである。日本の法科大学院も研究対象となっているが、法科大学と法科大学院が併存することには批判的である。

き続き検討されなくてはならない問題である。

　人権分野でのもう１つの問題は、行刑・監獄問題である。韓国の行刑法は、日本の監獄法がルーツである。したがって、日本と同様の問題がある。監獄でいろいろな人権侵害問題が起きても、外部からの監視がないので、どうやって社会から監獄を監督するか、監獄にいる被拘禁者が人権侵害されたときのためににどのような司法的救済制度を作るか、といった監獄改革が課題である。

　それから、国選弁護制度も重要な人権問題である。韓国でも起訴前段階では国選弁護がない。韓国では現在、国会にも、弁護士団体にも、政府にも、大法院にも、国選弁護制度が被疑者段階でも必要だという意識、雰囲気は強くあり、被疑者段階での国選弁護制度は、近いうちに実現できると思う。どうやって国選弁護を行っていくかは、私たちが細かく検討しなければならないことである。

3.　検察改革

　さらに、最近論議されている重要な問題は、検察改革の問題である。いわゆる検察官同一体の原則は、韓国も日本とまったく同じである。加えて、韓国の検察は、過去から権力とつながってきた歴史がある。そのため、政治的な事件があるたびに、国民から検察の結論に問題があるとの批判が起こった。こうした事件は、この10年間で数件（大統領関係、大統領秘書官関係、与党国会議員関係、与党国会議員秘書関係の事件）であるが、検察の結論は信頼できないものも多かった。

　そのため、数年前から韓国では、このような事件が起こるたびに、一般の検察官が担当することは望ましくないとの議論がなされるようになった。その結果、3年前、2年前、昨年の3回、特別独立検察官、アメリカのインディペンデント・カウンシルと同じような制度が設けられた。

　このような特別独立検察官が設けられるたびに、検察庁は強くこれに反対する。しかし、市民社会には、このような政治的事件を一般の検察官が担当するならば信じることはできないという雰囲気が強くあった。今、新しい政権の下で、このような特別独立検察官制度を常設化するかどうかが激しく議論されている。弁護士団体、市民団体、人権団体、マスコミは常設化が必要と訴える一方で、法務部（法務省）、検察庁が強く反対している。

　私は、盧大統領の下では、おそらく90％以上の確率で常設機関になると思う[4]。

4. 法曹一元化

　最後は、法曹一元化問題である。法曹一元化問題について指摘しておきたいのは、韓国で法曹一元化は、いろいろな司法改革問題の最も重要な解決策だということである。

　韓国の司法、裁判官が、国民から信頼を得られない理由はどこにあるだろうか。韓国社会には、今も、官尊民卑思想が根強くある。研修所修習生は、卒業のときに弁護士、裁判官、検察官に分かれるが、その際、裁判官を希望する者が最も多い。多くの希望者のなかから裁判官となる者はどういう基準によって選ばれるのだろうか。それはもっぱら研修所の成績が基準になる。したがって、韓国では、25〜26歳の頭のよい若い修習生が裁判官になる。

　興味深いことに、1984年の司法試験合格者300人のなかで女性は5人だけであったが、韓国でも数年前から女性の合格者が急激に増えている。2002年は合格者の30％ほどであった。2003年1月に研修所の卒業式があり、成績の1位、2位、3位の表彰があったが、面白いことに全員女性であった。2003年に予備判事（2年間は予備判事になる）に任命された人たちは110名であるが、そのうち女性は55名である。司法試験合格者は、このままでいけば、来年には60％、3年後には70％が女性になるものと確信する。そして、5年後には100％が女性という事態も考えられる。私は女性の能力を過小評価するものではないが、これが正常といえるだろうか。

　韓国の司法界、とくに裁判所は変わらなければならない。成績によって裁判官の人事が決定されるのは、司法後進国と呼ぶにふさわしい。法曹一元化は、韓国の司法改革において最重要課題として位置づけられなければならない問題である。多くの弁護士がこの法曹一元化について、基本的には正しいという意見を持っているが、司法改革の中で最も重要な課題であるとの信念までは持っていない。これは重大な問題だと思う。

---

4) しかし、盧大統領は最近（2004年夏）、特別独立検察官制度の常設化を放棄し、他の制度を構想している。捜査権はあるが起訴（公訴）権を持たない、「高位公職者非理調査処」という機構を作る構想である。起訴権を与えることに対する検察側からの反発が強いためである。

5. 会場からの質疑を受けて

(1) 韓国でのロー・スクール論議の背景事情について

　韓国では従前、合格者が300人であるにもかかわらず、毎年、6,000～7,000人もの学生が法律家をめざして法科大学に入っている。そのため学生は受験のための勉強をしていて、大学の講義に学生が出ないという状況だった。

　そこで、自尊心がある一部の大学教授は、このような現状を打開するためには、今の司法試験制度を根本的に廃止して、試験ではなく法曹教育によって法曹を養成することが理想的だという主張をしている。このような主張をする学者は、ほとんど、いわゆる一流大学の教授で、「私の講義を受ければ、ほとんどが弁護士になることのできる制度を作ることが必要」との考えを持っている。他方、いわゆる社会的な評価の低い大学の学者は、そういう制度は自分たちの大学の評価がもっと低くなる可能性があるという考えを持っている。つまり、学者のなかでもロー・スクールについての関心や主張は分かれている。

　韓国でロー・スクールができないのは、弁護士会の反対のほか、学者のなかでも合意ができないことが1つの理由だと思う。

(2) 韓国での司法改革論議の背景事情について

　99年の司法制度改革推進委員会での論議では、マスコミや学者の意見が主で、法曹界、とくに弁護士団体の主張が届いていない。もちろん、法曹界から一部の委員が個人的に参加したが、飾りにすぎなかった。そのため、この委員会の結論に対して、弁護士団体、大法院、法務部がこぞって反対し、実現することができないままになっている。これから韓国で司法改革が発展するために一番重要なポイントは、市民、マスコミ、学者からの意見と、弁護士団体、法曹界の意見が合致することだと思う。もし、このような合意がなければ、将来も韓国で司法改革の実は結ばないと思う。

(3) 法曹人口の増加による社会への影響について

　2003年1月1日現在、韓国では5,073人の弁護士がおり、そのなかでソウル弁護士会は3,318人。70%位がソウルに集中しているという、弁護士の都市集中、過疎問題がある。

1980年、ソウル弁護士会の弁護士は610人。90年には1,253名、95年には1,803人、99年には2,380人、2000年には2,663人、2001年には2,979人、2002年には3,318人。約20年で5.5倍もの急激な増加があった。

　民事の訴訟事件の受任件数は、90年には弁護士1人あたり年間55.7件、91年は52.2件、92年51.9件、98年まではだいたい50件ぐらいだった。それが、99年は49件、2000年41.5件、02年38件。98年までは少しずつ下がっていたが、99年からは急激に減少し、今年は、さらに減ると思う。韓国の弁護士は、最近、事務所運営について危惧を感じている。

　1980年、ソウルの弁護士600人ぐらいの時代に99％の弁護士はヤメ検・ヤメ判だった。韓国の法廷では、判事は20〜40代、弁護士は50〜60代。85年頃から、合格者300人のうち半分は判検事に、半分は弁護士になって、判検事経験のない弁護士が増えてきた。今は合格者1,000人の中で、約300人が判検事に、約700人は弁護士になっている。現在ソウル弁護士会は、3,300人のうち、判検事の経験のない弁護士が2,000人ぐらいだ。10年前は弁護士会の役員は100％ヤメ検・ヤメ判弁護士だったが、今はソウル弁護士会以外の半分くらいの弁護士会では、役員のほとんどが判検事経験のない弁護士である。ソウル弁護士会は、有名な判検事だった弁護士のほとんどが集まっているから例外で、今も検事出身、判事出身の影響力があり、2003年の選挙でも、会長に選ばれたのは検事出身弁護士だった。副会長、常任理事ら9人の役員の中で、4人が判検事の出身だった。

　しかし、4年後、6年後にはソウル弁護士会も、弁護士出身の弁護士が役員全部を占めていることだろう。そうなれば、韓国の弁護士社会は、在野精神を持っている日本の弁護士会と同じような状況になると思う。

(4)　弁護士人口の増加と法律需要について

　ソウル弁護士会が約600人の1980年に、本案事件の数は年間23,171件でした。2002年度、弁護士の数が5〜6倍以上になったが、このときの本案件数は年間126,860件で、ほぼ5.5倍ぐらい。だから、弁護士が5、6倍になっても、1人当たりの事件数の変化は少ない。

　けれども、1996年の件数は113,768件、97年117,049件、98年には114,499件と前年より減、99年は110,688件とさらに減少、2001年は124,423件と少し増えている。この数値から、ソウルでの法的需要は、頭打ちになったといえると思う。

にもかかわらず、弁護士の数をこの時期から急激に増やすという。しかし、今、韓国の社会は、弁護士のこのような問題については関心がない。

(5) 弁護士の就職先の多様化について

　弁護士を増やすに際し、韓国の社会では、弁護士が役所、大学、企業などいろいろな分野で働くことが期待されている。しかし、現状はそうではない。最近は増えてはいるものの、合格者1,000人の中で、年間、法律担当専門公務員として10人ぐらい、社内弁護士として10人〜20人ぐらいと、たいへん少ないのが現状である。

　2003年、政府のある役所の採用でも希望者が多く10〜20倍の競争がある。法曹人口を増やしたにもかかわらず、政府の採用がたいへん少ないことが問題だ。

　私は、特別な制度がなければ弁護士が政府や企業に入ることはたいへん難しいことだと思う。盧武鉉政権は、政府ができるかぎり多くの弁護士に門戸を開く特別の制度を作るべきだと思っている。今も政府に「法務担当官」がいるが、たいていは一般公務員で弁護士ではない。これからは、すべての法務担当官を弁護士にして、重要な法律関係の意思決定には少なくとも10人以上の弁護士が参加することを制度的に作るべきだ。これはアメリカでは一般的な制度である。アメリカの商務省には、今、1,000人以上の弁護士が働いていると聞いている。

　すべての意思決定の過程で法律顧問として弁護士のチェックが必要だ。韓国の最大の問題の1つの政府腐敗の問題を解決するためにも必要である。韓国ではこれまで弁護士の数を5倍、6倍に増やすことには成功してきたが、その弁護士を活用することには失敗した。そこで、弁護士を活用するには特別な制度が必要な段階だと思う。

(6) 弁護士費用、報酬規定、敗訴者負担について

　韓国では80年代までは弁護士の数も少なく、弁護士＝金持ちという等式ができていた。判検事は公務員で、権力はあるが、お金はないから、お金が必要になったら、弁護士になればいいといつも考えていた。当時は、弁護士の数に比べ需要が非常に大きかったから、報酬規定はあっても、単なる訓示的な意味だけで、弁護士が報酬をいえば、お客さんは無条件で従わなくてはならない時代だった。

　80年代末頃から、合格者300人時代で、半分は検事・判事に、半分は弁護士になる時代になり変化が始まった。率直にいえば、弁護士の報酬は、10年前と今とほ

とんどが同じだ。つまり、インフレを考えれば、弁護士の報酬は、急激に下がったということである。

韓国で一般の民事事件は、1件当たり日本円で30万円ないし50万円ぐらいで、10年前も同じだ。つまり、韓国の弁護士の数と報酬には緊密な関係がある。弁護士の経済力は、これからさらに低くなると思う。

韓国の報酬規定は、最低を定めずに最高額を制限する規定だったが、社会やマスコミの、このような規定は一種のカルテルで、自由競争のほうがよりよい制度だという間違った考え方により、2000年度に報酬規定は廃止された。私は、廃止されても、弁護士社会の報酬の習慣はほとんど変わらないと思う。

韓国では、敗訴者負担制度があり、大法院規則によって審級ごとに弁護士費用を算定する方法がある。弁護士費用全額ではなく、実務では3分の1くらいが訴訟費用に含まれる。最近、大法院はこの割合は少ないとの考えを持っており、大韓弁協も増やすことに賛成していた。そんなとき、日弁連から韓国に敗訴者負担制度について調査に来られた。

私は、そのときまで、敗訴者負担制度は当然だという考え方を持っていたが、日本の弁護士たちの話を聞いて、この制度について基本的な問題があったと考えるようになった。いわゆる勝訴率が低い公益事件、公害事件や人権侵害事件などでは、いままで負けても、勝った相手からの弁護士費用を負担せよとの要求はほとんどされなかったが、もし制度が強化されれば、このような訴訟をすることが難しくなる可能性が韓国にもある。だから、韓国でもこの制度の強化には注意が必要と思っている。

(7) 弁護士の所得について

私が個人的に評価するところでは、韓国は日本の何分の1かの経済力だが、弁護士の経済力は、相対的に韓国のほうが上だと思う。私の個人的な意見では、弁護士の平均的な所得は、税金を除いて800万円、700万円ぐらいだと思う。今イソ弁として弁護士になる人の月給は日本円で50万円ぐらいだ。10年目の弁護士で100万円ぐらい、20年目ぐらいの一番経済力が高い弁護士だと、年間1,000万円、1,500万円だと思う。絶対額は日本と同じくらいだろうが、日本と韓国の経済力を考えれば、今も韓国の弁護士は日本の弁護士よりも、ちょっと経済的には上にあると思う。しかし、10年後には、韓国の事情は、日本の状況が引き続いているとすれば、韓国もずいぶん悪くなるだろうと思う。

弁護士の自由と統制、その衝突の解決方法[1]

1. 弁護士たちの新しい活路の模索、その身もだえの現場

　瑞草洞(ソチョ)法曹タウンには、日ごとに弁護士事務所が増えている。おそらく瑞草洞法院、検察庁を取り囲んで今1,000名を超える弁護士が陣を張っている。今や座って待っているだけでは、とても事務所を維持することができない時代に突入した。弁護士が直接外に出て飛び回らなければならず、事件への特別の勧誘方法がなくては、サバイバルができないという。かなり年配の弁護士たちにはいい時代があったというが、たった今、弁護士の世界に飛び込んできた若い弁護士たちには、二度とそのような時代は来ないだろう。多くの弁護士が、今、新しい活路を模索している。過去であれば見向きもしなかった事件にも目を向け、過去であれば想像するのも難しい方法でも事件を受任しようとする弁護士が1人2人と増え始めた。一言でうなら、ビジネスに対する弁護士たちの考えは、過去のどの時代よりも積極的である。事件で負けた弁護士は許されても、ビジネスで失敗した弁護士は許されないという風潮が、今や瑞草洞の大きな流れになりつつあるのである。

　ところで、このような動きにいまだに大きな障害物が存在する。代表的なものは弁護士の兼任制限規定である。韓国弁護士法38条は、弁護士が商業やその他の営利を目的とする業務を経営するか、その被用者になろうとするときには、必ず所属の弁護士会の許可を受けるようになっている。したがって、新しいビジネスをしようとする弁護士たちは、この障害物を越えなければならない。

　この点について、弁護士会では簡単に解決しないことが問題である。過去、弁護士会では、弁護士が株式会社の取締役や監査役になろうと兼任許可申請すればた

---

[1] 本稿は、筆者がソウル弁護士会の常任理事(国際担当)の在任中に(2001年1月〜2002年1月)、ソウル弁護士会の月刊誌「市民と弁護士」に発表したものである。現在韓国では、弁護士の数の急増とともに弁護士たちの業務領域の拡張が目下の関心事である。しかし弁護士法は、弁護士の業務拡張に往々にして障害物となっている。本稿はそのような状況の中で作成されたものである。

いてい許可をしていたが、代表取締役に就任する場合は一律に不許可であった。最近になって新しい執行部ができて、これにも変化が起こり、代表取締役でも特別な場合でなければ許可する雰囲気になってきた。ところが、新任執行部もこの問題についていろいろと悩んだが、いまだにその原則を完全に確立したとはいえない。筆者が弁護士会の常任理事会に参加してわかったことであるが、意外に多くのケースで兼任の許可の是非の結論を出すことができず留保する状態が起こっていることが、端的な証拠である。

　理解を助けるために、まず現実において弁護士会の結論を難しくしているいくつかの例を見てみよう[2]。事例を見ながらその解決策を考え、さらに私たち弁護士のビジネスの方向に対する1つの基準を設定してみたらどうかと考える。

【事例1】平素離婚問題に関心を持つA弁護士は、訴訟に関する事務を中心に弁護士業務を多角化するため、自分の事務所に付設離婚クリニックを設置し、その所長に就任することにした。A弁護士は、弁護士会の規定に従って兼任許可申請をした。弁護士会は関連規定に従って、兼任許可の是非を決定するために委員会を開催した。委員の相当数は、このクリニックは、非弁護士との提携をもたらし、結局ブローカー問題を引き起こすなどの理由で兼任許可に反対した。しかし、一部の委員達は兼任を不許可をすることは、業務領域多角化という現在の趨勢に反することで問題があると指摘した。

【事例2】インターネットに関心が高いB弁護士は、少し前からインターネットを利用した法律事務をしたいという考えを現実に移していた。ただ単にホームページを作るだけで終わるのではなく、スポンサーを獲得していわゆる法律専門サイトを作ることにした。数億ウォンのお金をかけて各種法律情報に関するコンテンツを備えたオンライン法律相談と、さらにオンラインで消費者を法律事務所と直接連結する方法も模索していた。B弁護士は、お金を出す彼の資本パートナーとサイトを合同で運営するために株式会社を作ることにし、弁護士会にその代表取締役兼任許可申請を出した。弁護士会関係者は、インターネットを活用する法律事務の活性化

---

[2] 以下の事例は、ソウル弁護士会で実際にあった兼任許可申請事例を参考に、読者の理解を助けるために適宜加工したものである。

は時代の大勢であると認定しながらも、このような会社は現在の弁護士法上とても許容されない、もしもこれを許容したなら非弁護士による弁護士の支配を可能にすると憂慮している。

【事例３】 平素、知的財産権関係専門の弁護士であるＣ弁護士は、長年専門性を備えるために努力したが、訪れる客はない。このような状況を知っていた国内指折りの特許法務法人から、Ｃ弁護士を破格の条件でパートナーとして迎え入れるとの提案があった。もしＣ弁護士がこの法人で仕事をすることができれば、彼は、そこで心置きなく本人の能力を発揮できるであろう。Ｃ弁護士は、やっと心を決めて弁護士会に特許法務法人の構成員として参加することについて兼任許可申請をした。Ｃ弁護士は、自分の場合は企業に就職する弁護士（大企業に就職する弁護士達は会社員の地位にいながら他のもう一方では独立して営業する弁護士でもある）と違うところはないと考えていた。

2. 弁護士を取り囲むその統制の現状

この際、兼任許可制度と同じく弁護士達のビジネスの自由を統制する現在の制度の概観を見てみよう。

他の領域では想像することも難しいが、弁護士には過去数十年間、彼らの業務を制限してきた制度がある。まず、個人弁護士は、どんな場合でも事務所を２つ以上運営してはいけない（韓国弁護士法21条３項）。もし弁護士が業務を多角化して大型化する趨勢を受け入れたならば、このような規定が存続すること自体が考えられない。能力があれば２つでも３つでも事務所を持つことは問題にならないのではないか。

今まで弁護士の広告についてはどうしてきたのか。最近、大韓弁護士協会で画期的な広告規定改定をしたが、今まで弁義士広告は、その回数、広告料の総額、広告内容などが極度に制限されて来た（韓国弁護士法23条）。しかし弁護士業も１つのビジネスとすれば、このような広告制限は問題があったのではないか。また、弁護士は、受任を勧誘するために弁護士ではない人と提携したり、事件がありそうな関連機関に出入りしてもいけない（韓国弁護士法34条・35条）。しかし考えてみれば、世の中のどんなサービス業にこのような消極的な営業をする場合があるの

か。どんなサービス業も有能な営業社員を置くのが当たり前で、どうして、口を開けば必ず法律サービスという表現をしながら、営業社員の存在を否定できるのか。このようにしても弁護士たちが生計を立ててきたということは不思議なことではないのか。

それだけではなく、弁護士法は、弁護士は年間一定の時間を公益活動に費やさなければならないと宣言している（韓国弁護士法27条）。世の中のどの職業に公益活動を法で強制できるものがあるであろうか[3]。

弁護士に対する上記のような業務の規制状況から明らかなことは、弁護士は一般の事業家とは明らかに区別されるという事実である。どうしてであろうか。

3. 弁護士ビジネスを統制するその規制の根拠

上記の事例や弁護士会の各種の規定を考えれば、弁護士は特殊な領域の職業人である。弁護士がもし単なる専門資格者に過ぎなければ、上のような問題は、はじめから生じることはない。社会には数多くの専門資格者がある。会計士も税理士も弁理士もすべて資格者である。この資格者たちは基本的に自分のビジネス形態を自分の思いどおりに決定することができる。現行法上この専門資格者たちが株式会社形態の法人を作るのは問題があるかもしれないが、彼らがどこで食堂を経営しても、会計学院を経営しても、あるいは株式会社の代表取締役になっても、それはすべて彼らの能力と選択の問題である。なぜ弁護士だけが、自分の所属弁護士会を通じて、そんなにも多くの制約を受けるのか。

国内外の学説によると、弁護士の専門家として属性にその理由を見出すことができる。弁護士という専門職（professional）は機能的専門家（specialist）とは明らかに区別されている。どのように区別できるのか。リチャード・ワッサーストローム（Richard Wasserstrom）は、専門職の核心的な特性を次のように列挙しているが、専門職を説明するのには、とてもいい内容である[4]。

---

[3] このほかにも弁護士会は、会規定で事務員の数も制限している。現在、個人弁護士は特別な場合を除いて4人以上の職員を雇えない。
[4] 伝統的に法律専門家と同じ専門職（professional）に対する特性を説明する時に4種類の要素を使う。専門性、独立自律性、団体性、そして社会的公共性がまさにそれである。Wasserstrom, Human Rights Vol.5 (1975 Autumn), p.1.

「①専門職になるためには、長期間の公式の教育が必要である。②専門職は手工技術よりもっと多くの理論的な知識と知的能力がなければならない。③専門職はギルド的な職能集団の一員である。④専門職は他の職業より高い社会的地位と報酬を受ける。⑤専門職は人間の一番本質的で深い関心事（医者は人間の健康、聖職者は霊的な問題、そして法律家は正義）を扱う。したがって専門職は、自分の営利以上にもっと高い善を追求して公的な奉仕に献身しなければならない。⑥専門職と顧客は人間的な関係を形成する」。

ワッサーストロームがいう専門職の特性の全部の要素に当てはまる専門職は、事実上弁護士しかない。この特性のうち、私たちは、「専門職は人間の一番本質的で深い関心事を扱う」という言葉に注目する必要がある。私は、この要素こそ専門職の最も重要な属性を示す部分であると考える。この要素がなければ、他の専門職と本質的な違いを見出すことはできない。この要素があるからこそ、私たちは専門職に、自分の利益と成功にだけ専念しないで、もっと高い善のために奉仕しなければならないということを強調することができる。ここでは弁護士の社会的公共性は自然に誕生する。わからない理由で弁護士に社会的公共性を強調するのではない。社会的公共性は弁護士という職業の本質から要求される固有の特性である。このような専門職には自然に個人の営利だけを追求する一般のビジネスの原理の相当部分が制限されるのは当然である。このような理由で次のような制限原理が自然に誕生したのである。

①多くの弁護士が営利を追求しようとしてはいけない。だから弁護士の数は適正水準以上になってはいけない。→ここから弁護士の数を制限することが必要であったし、複数の事務所を経営することも禁止された。
②営利追求を目標として弁護士が一般の商人のように過度の広告をすることはいけない。→ここから弁護士に広告制限が課された。
③弁護士は自分の顧客に最善を尽くさなければならない。法律実務以外の営利業務を弁護士業務と一緒にすることと、社会的公共性と正義を追求しなければならない弁護士の活動とは両立しない。お金と正義は同時に追求されるものではない。→ここから営利業務兼任許可制度が生まれた。
④弁護士は営利を目標として顧客に過度の経済的な負担をさせてはいけない。

→ここから過去、弁護士会の報酬基準5)が誕生した。

　⑤弁護士は自分の専門性に立脚し独立して活動をしなければならない。→ここから営利追求を目的として弁護士が非弁護士と提携することを禁止した。

　⑥社会的な公共性と奉仕を直接的に要求することのできる職業である。→このような理由で、弁護士の基本的な使命は人権擁護と社会正義の実現であると宣言することになり、弁護士倫理綱領などでその公共性を特別に強調している。さらに弁護士の公益活動を義務化する場合まで出てくるようになった。

　上述のように、弁護士に対する業務制限は、私たちの弁護士制度にもそのまま反映された。ただ、西欧社会で誕生し発展した専門職制度の基本概念をきちんと理解できず、日本を通して受容されたことが問題であるといえば問題である。例を挙げれば、複数の事務所経営禁止は、日本の旧弁護士法が1933年に採用したのを持ってきたものであり、営利営業の兼任許可制度は、日本の明治時代の弁護士法から、1948年、韓国弁護士法改定の際にそのまま踏襲したものである。それ以外にも私たちの弁護士に対する各種の規制は、日本弁護士法が母法であるといっても過言ではない。

　ともかく上のような弁護士に与えられる制限は、現在の市場経済秩序から見れば理解ができないことばかりである。弁護士という専門職の特性を理解しなければ、それは過度な規制になる。このような理由で、韓国弁護士法と弁護士会が持っている各種の制限を旧時代的な規制として、政府の規制改革委員会が規制改革の対象として選定したことは一方では理解できるが、弁護士という専門職の属性を理解していない一方的なものであった6)。

　ところで、上と同じ公共性に立脚した弁護士の業務制限は本来ヨーロッパ諸国か

---

5) この報酬基準が弁護士の談合であるとする者がいるが、それはその規定の内容をわからずにいう言葉である。この規定は、報酬の最高額を定めている。それは、顧客から過度の報酬を受け取らないようにするための措置であり、弁護士の報酬談合とは性質を異にする。しかし、この基準は政府の規制改革委員会の要求で廃止された。
6) 同委員会は、過度の報酬を受けることができないように弁護士会が持っていた報酬基準を価格談合と理解してこれを廃止するように努力したが、弁護士会を一種のカルテル（企業連合）として理解し、その任意化と複数化を要求した。このような規制改革委員会の要求の背景には、弁護士会の性格を裁判所の傘下事業者団体としてみているようなところがある。これは、この委員会が専門職団体である弁護士会の性格に対してまったく配慮していないという証拠である。

ら発達したもので、この専門職制度がアメリカに移ってからは、相当部分が変形して発展しはじめた。社会的公共性に立脚した専門職制度よりは自由市場経済秩序が優先になった。弁護士は大量生産されはじめ、その多くの弁護士達は生計のための熾烈な競争をしないわけにはいかなかった。自然に営利目的のビジネス・ロイヤーが誕生した。この弁護士たちが主流の法律家になった。競争の中でいつも生き残らなければいけないために、弁護士たちの実力は世界のどの国とも比較しても高いが、反面、倫理や公共性においては低くならざるをえなかった。プロフェッショナルからスペシャリストに転落したという言葉をよく聞くのである。このような理由でアメリカは、1970年代以降、全国のロー・スクールで法曹倫理科目を必須で教えることになり、弁護士会はこの問題を最も重要な業務の一環として考えることになった。要約すると、ヨーロッパ諸国では法律家の誕生とその発展の歴史から自然に弁護士の属性から社会的な公共性を要求する反面、アメリカはまず能力のある機能的専門家（specialist）を育ててきたが、公共性と倫理性の必要性を感じ、最近になって倫理的専門家主義（prospecialism）を強調することになったのである。私たちは、どこに該当するのか。

4. 司法の本質を通して見た弁護士業務の制限

　弁護士が他の事業家や機能的専門家と違う面は、司法固有の本質から見つけることもできる。弁護士という職業は、ただ司法手続から当事者たちを助ける機能的専門家ではない。弁護士は司法手続の必須主体として、司法の究極的な目的である正義の実現に主導的な役割をするのである。

　たとえば刑事裁判で被告人は、国家権力である検事を相手に自分の権利を守らなければならない。このような場合、もし弁護士制度がなかったら、どうして被告人の権利を守ることができるであろうか。弁護士は、非常に強い国家権力である検察に対して、その専門性と司法が彼に与えるいろいろな権限を武器にして、被告人を検察と対等な位置にして正義を実現する役割を果たすことになる。

　このような役割は民事事件でも本質的に同じである。私たちの訴訟構造は当事者主義あるいは、弁論主義により支配される。この構造の下では、両当事者がどんな主張と立証をするのかが裁判の結果に影響してくる。法律専門職なしに訴訟で真実を明らかにすることは事実上難しい。

弁護士は専門性と独立性に基づいて司法の正義を実現する最も重要な役割を担当する。この役割は営利追求を優先的に目標とする他の事業家とは本質的な違いを持っている。このような理由でアメリカでは、弁護士を本質的に「司法の公務員（official of judiciary）」の一員として見る傾向にある。このため、アメリカの多く州の弁護士の懲戒の究極的な判断主体は裁判所である。このような弁護士の役割を考慮するとき、弁護士に一般事業者や機能的専門家に適用される原理が同じように適用されることはない。

5. 変化する環境——プロフェッショナリズムと法サービス論の混沌の時代

　韓国の弁護士制度の理念的モデルは、本来ヨーロッパ式であったと考えられる。そのような由来で弁護士は、その公共的属性の要求に従って各種の業務規制を受けるようになった。しかし、冒頭で言及したように、時代は変わり、このような規制の中では弁護士たちがサバイバルすることがとても難しくなってきた。毎年数百名の弁護士が新しくこのソチョ洞で新しく事務所を開いている。いまや弁護士達が品位を維持することのできる程度の事件はこれ以上存在しないといっても過言ではない。座って待っているだけでは、事務所を維持することすら難しい状況である。そうであるとしても、社会がこの弁護士たちに積極的に門戸を開放することもない。弁護士をたくさん作っておきながら、この彼（女）らには絶望的な現実が待っているだけである。

　このような状況で、弁護士の事件に対する競争はだんだん熾烈になってきている。能力を認定してもらえなければ淘汰される。顧客に最上のサービスをしなければならないという強迫観念が芽を出してきている。顧客の利益のためには、火の中にでも飛び込んでいけるというサービス精神が今や脚光を浴びはじめた。これを示してある者は、弁護士のモデルがプロフェッショナリズムから法サービス論に転化したといい、あるいは2つの価値が熾烈に衝突しているともいう。ともすれば、今や相当数の弁護士が生存するためには、過去の高尚な姿勢はいつでも捨てる覚悟ができているということである。それだけ今は暇な時ではない。

　このような状況で弁護士社会が兼任許可をあれこれいうのは、弁護士会が社会の変化に追いついていけないからであると受け取るしかない。少なくとも今日この

時点で、弁護士会が過去と同じ見方で弁護士の職務を見つめることができなくなったといわざるをえない。

6. プロフェッショナルの核心を大切に保持し、変化を受け入れなければならない

　今や自明なことは、私たちが過去の伝統的なプロフェッショナリズムに立脚した高尚な弁護士像をそのまま持っているだけでは、弁護士業を続けることができなくなったという事実である。このような現実の認識のなかで、弁護士に要求されていた各種の規制は徐々に解除されなければならない。問題はその程度である。各種の規制から解放されることが必要であるとしても、それは、弁護士をしてどんな仕事でもできるそんな自由でなければならないのか。私は、そうではないと考える。もし程度を超えて私たち弁護士が持って生きてきた専門職精神を完全に解除してしまえば、過去2000年以上人類が作り出した最高の専門職の1つを失ってしまうことになるであろう。言葉そのままに法律専門職の時代は終焉を告げ、法律技術者としての時代を迎えることになるであろう。

　世の中がどれだけ変わっても、弁護士という専門職が最低限持っておかなければならない特性を探し出さなければならない。それでこそ私たちが存在する理由があるのである。それは、何であろうか。私は、ワッサーストロームが指摘する専門家の特性中のなかの「人間の一番本質的な問題に関心を持つ」というものにもう一度注意を喚起したい。この特性こそ私たちの職業の誇りとなるものではないだろうか。この特性ゆえに私たちには公共性のために活動する責務があるのである。この特性を維持しながら現在の難しい局面を打開しようとするなら、私は次のことを提言したいと思う。

　まず、弁護士の数を人為的に調整して弁護士の過当な競争を防ぐ時代は過ぎた。このような方法は法律家を特権階級として見る否定的な側面である。今や原則的に自由な競争を許容しなければならず、この中で弁護士が社会に貢献するようにしなければならない。このような理由で、広告制限、事務所制限、事務員制限などの規制は原則的に解いていかなければならない。

　次に、弁護士が法律事務以外の営利業務をするとしても、これを不許可にする理由はない。しかし、弁護士は自分の顧客に対して最善を尽くさなければならない。

また、弁護士が営利を目的とする業務を兼業するとしても、弁護士の正義追求という根本理念が揺るいではならない。したがって、営利業務自体が弁護士の基本理念を揺るがさないなら許容する方向にしていくべきだろう。
　3番目に、弁護士は自分の専門性に立脚して独立的な活動をしなければならない。弁護士が弁護士ではない者と一定の範囲内で提携をするとしても、それは、弁護士の専門性と独立性を害さない範囲内でなければならない。
　4番目に、弁護士の業務領域の拡張とともに弁護士会の自律的浄化能力はどの時代よりも重要になってくるであろう。弁護士が業務を拡張していけば、必ず弁護士の専門性と公共性を超える仕事が出てくるので、弁護士会はこれを適切に統制しなければならないであろう。
　このような結論に従って、冒頭で見たいくつかの事例にある程度解答を得ることができたと思う。ただ、その具体的な適用には、伝統を固守するべきか、変化を追求するべきか、まだ葛藤をしなければならないであろう。

私の家族史[1]

1. 現代韓国に根強く残る「アカ」論争

　新千年民主党の大統領候補選の過程で、盧武鉉候補の義父（夫人の父親）が朝鮮戦争当時左翼活動をしたということで、相手候補がいわゆる「アカ」論争を持ち出してきた。これはまったく理に適わないことであり、今の時代にもこのような話が通用するのかと、私は自分の耳を疑った。

　このような「アカ」論争がいまだに有効であるならば、解放前後の時期における左翼活動に対する歴史的な再評価は、一歩も前へ進むことができないであろう。50年前この国で行われた左翼活動はすべて罪悪だったのであり、その主人公たちは永遠に罪人であるほかないわけである。

　それだけではない。左翼活動をした親とただ天倫の情を分かち合うしかなかった息子や娘、それから孫たちは、今後も限りなく息を殺して生きていかなければならない。憲法上連座制を廃止したとて何になろう。この社会の既得権を有する層が依然として赤いサングラスをかけたままその子孫を見ているのだ。彼らが胸を張って生きられる日は果たしていつ来るだろうか。

　盧候補の義父の問題が新聞に出ると、妻が私に言った。「あなたは今後一切公職に出るようなことは考えないでね。盧氏は左翼活動をした義父が亡くなってから結婚したのに、それでもあんなに問題になっているじゃない。あなたの場合だった

---

[1] 日本の読者には、少し理解しにくいかもしれないが、韓国では、分断以来レッド・コンプレックスに苦しめられながら生きてきた人が多い。数十年間、韓国で左派あるいは左翼という言葉は、すなわち苦痛あるいは苦難を意味した。この苦痛は左翼活動をした本人だけの問題でなく、その家族全員の問題であった。この文は、そのような韓国の人たちの苦痛を少しでも紹介しようとするものである。2002年の冬、韓国の大統領選の過程で盧候補（当時）の義父が朝鮮戦争当時左翼活動をしたということが知れるや、それで保守右翼の側は盧候補は大統領になる資格がないと言い出した。筆者はこれを見て、長い間胸に抱いたまま生きてきた筆者の家族史を振り返ってみた。この文は2002年12月、民弁の機関誌「民主社会のための弁論」に掲載されたものである。

らあんなことでは済まないわよ」。

　妻のこの言葉に、私はしばらくの間沈黙した。ああ、いまだにこの問題は終わっていなかったのか。この20年間、司法試験に合格し弁護士になってさまざまな活動をするなかで、私を締めつけていたあのレッド・コンプレックスからようやく解放されたと自負していたのに、この問題がまだ継続中であったとは。

2.　私の父母とその家族の経験

　私は、若い世代のなかでは極めて異なる分断世代である。この40年間生きてくるなかで、一度もこのような紙面を通して自ら公開したことのない、分断の歴史をもろにかぶった家族史が、私にはある。私の母の実家と父の実家、そして妻の実家のこの３つの家が50年前に朝鮮戦争をめぐって経験したことの上に、私は存在する。

　まず、私の母の実家を紹介しよう。私の母の実家は、忠清南道広川(クァンチョン)という所にある。そこは日本植民地時代から金鉱と石綿鉱山で有名な所で、村単位の行政区域としては全国的な名声を誇っていたところである。

　私の母方の祖父は、その地域で相当有名な知識人であった。日本植民地時代からすでに、物産奨励運動等の活動により日帝の監視対象であったし、1945年８月15日の解放後は、その地域の進歩的人士の指導者であった。朝鮮戦争が起こり、いわゆる人共[2]の統治が始まると、彼は当然の成り行きとして、そこの人民委員会の委員長に推薦される。

　彼の長男、すなわち私の上のおじは戦争直前そこの小学校で教師をしていたが、祖父とともに人共に参加するようになる。３カ月足らずで終わってしまう人共の時期に、彼は洪城(ホンソン)郡の教育責任者を務めたという。下のおじは当時中学校６年に在学中だった。彼も祖父とおじの影響からか、それとも時代の強要に逆らえなかったのか、人民軍の義勇軍に入った。

　人共の統治が終わると、母の実家はその日で滅びた。祖父は右翼の治安隊に引っ立てられて凄まじい死に方をし、家族はその亡骸さえも見つけることができな

---

[2]「人共」とは、「人民共和国（北朝鮮）」の略語で、朝鮮戦争中北朝鮮側が支配していた南の地域は人民共和国の一部になった。南の地域が人共から解放されたのは1950年９月末になってからである。

かった。彼の弟は左翼活動とは無関係だったが、ただ弟というだけの理由で、やはり引っ立てられて死んだ。2人のおじは行方不明になってしまった。母の実家には母と祖母だけが残され、その隣には突然夫に死なれた母のおばと幼い子ども4人が残された。それ以来、辛い風霜を経てきたことは想像に難くないであろう。

　私が世の中のことを少し意識し始めた中学、高校時代の70年代には、たまに北から来たという武装共産ゲリラが出没した。そういうときにはいつも、母の実家は軍と警察によって踏みにじられた。彼らはいきなりやって来て、家中をくまなく探し回り、共産ゲリラと何か関係があるのではないかと鋭く追及した。

　50年経った2000年7月16日の夜、1本の電話がかかってきた。北に私のおじが生きているということだった。朝鮮戦争のとき行方不明になった彼が、第1次故郷訪問団の北側のリストに載っているという知らせだった。世の中にこのようなこともあるのか。しかし、私はそのおじにまだ会えないでいる。なぜか、おじは来なかった。母がその数カ月前に急に亡くなったのが原因だろうと、心を紛らしてはいるが、いつになったらおじに会えるのかという思いで、ときどき眠れないことがある。おじに会い、この50年間、母と祖母が経験せざるをえなかったことを、夜を徹してでも話したい。それが肉親（母や祖母）に対する私の最低限の義務であるから。

　次は、私の父に関する話である。私の父は朝鮮戦争のとき、国軍将校として入隊した。最前線の高地で危険を顧みず、祖国を蹂躙した人民軍に対し銃をとって戦った。いわゆる「鉄の三角地帯」の戦闘で父は輝かしい戦功をあげ、その結果、乙支武功勲章の栄誉を抱いて退役した。父は死後国家有功者として、国立墓地に安置されるにふさわしい人であり、それを一生自慢にしてきた人である。

3. 私の妻の実家の経験

　妻の実家の話をするには、多くの紙面を必要とする。一言で言うなら、この時代の代表的な右翼反共闘士の家柄といえるだろうか。妻の両親は、解放前、黄海道の地主の子孫だった。そんなわけで、家族は皆高等教育を受けており、まともな職を持っていた。しかし、解放とともに土地は没収され、強制的に移住させられた。そして戦争。この過程で妻の父と母の家はそれぞれ徹底的につぶされてしまった。左翼によって兄弟や両親、それから親戚が殺された。妻の両親だけが幸いにも2人で百嶺島(ペクリョンド)を経て南へ来ることができた。妻の父は朝鮮戦争当時、黄海道などで人民

軍を相手に諜報遊撃活動をし、戦争が終わった後も反共戦線の先頭に立って活動した。文を書き映画を製作したが、そのすべてが反共に関するものだった。

　1985年８月、解放40年を記念する歴史的な南北離散家族交換訪問があり、そのとき、妻の父は南側の訪問団50名のうちの１人として平壌に行った。しかし北の当局は、当時生存していると言っていた妻の父の姉との対面を拒否した。その理由は、妻の父が戦争のとき北朝鮮に大きな害悪を及ぼした反動分子であるからということだった。衝撃であった。それ以来17年間、妻の父はこの衝撃を克服できないままでいる。

　このような事情があるので、妻の実家では両親の誕生祝いもしない。その父親、母親が、いつ、どのようにして亡くなったかもわからないでいるのに、子どもとして、南でどうして、よいものを着て、よいものを食べて、誕生祝いをすることができようか、というのが理由である。今は、子どもたちが結婚し孫もできて、少しは違ってきたけれども、10年余り前までは、妻の実家はお正月やお盆などのときも、他の家とは反対に静まり返っていた。離散家族のその切切とした恨(ハン)を誰がわかろう。考えれば考えるほど涙が出るばかりである。

4.　作家・李文求に学ぶ

　私の父の実家と母の実家、それから妻の実家の話は、このように劇的だ。私は南の左翼の家の母と右翼の家の父の間で生まれ、成長した後は、北から来た右翼の家柄の人と結婚した。私のこのような家族史は長い間誰にも話せない大きな秘密だった。かつて連座制が猛威を振るっていた頃、両親はこのような家族の来歴が私の将来にとって障害になるのではと思い、気を揉んだ。しかし、時代は変わり、私は今までの20年余りの間、特別に問題もなく過ごしてきた。しかし、盧武鉉氏のことを見て、これはすでに終わった問題ではないと思うようになったのだ。ある日不意に、私もそのような攻撃の対象になりうるのではないか。そして、もしそうなった場合、それは盧氏が受けたものよりはるかに強いものになるかもしれないという恐怖感に私は襲われた。

　そんなとき、妙案を与えてくれたのが、偶然手にした１冊の小説である。作家李文求(ムング)の『冠付随筆(クァンチョン)』がそれである。李氏は、30年余り前の自分の一族の来歴、解放後左翼活動をし朝鮮戦争で亡くなった父と、それにより滅びてしまった自分の家

族の歴史を、小説の形式で描いた。その小説を書いた理由が面白い。どこかで聞いたところによると、彼がこの小説を書いたのは、彼自身この国で生きていくための手段だったということだ。いつ襲ってくるかわからない思想問題に対して先手を打つことによって、相手がそれ以上家族の問題を攻撃の武器にできないようにするつもりで、その辛い話を小説に書いたということだった。

　だとすれば、私にとっても方法は同じではないか。私のことを正確に知らせるのだ。そうして、誰かが将来この問題をもって私を苦しめようとするとき、少なくともその彼によって私の家族の歴史が公表されるという形で、不意の攻撃を受けることだけは防ごうじゃないか。ただし、私は今、いつかは盧武鉉氏のように大きいことをやってみようと考えているわけではない。

5.　これからの世代のために

　このようにすべてを話してしまうと、心は軽い。しかし、よくよく考えてみると、ほろ苦い思いを拭い去ることができない。どうして私は、いまだにこの問題でこんなに悩まなければならないのか。私の小心な性格のせいだろうか。しかし、家の来歴が私の人生に、何かの障害をもたらすということは受け入れられない。その不条理に対する憤りをもって、本稿を読む読者に強く言いたい。少なくとも我々の世代では、このような不条理を受け継がないでほしいと。このような不条理を私たちの次の世代には伝えないでほしいと。それは私たちに与えられた最低限の責務ではないかと。

「NO」と言える韓国人[1]

　10年余り前のことだと記憶しているが、日本の代表的な右翼人士で現在東京都知事の石原慎太郎らの書いた『「NO」と言える日本』という本が、大きな反響を呼んだことがある。その本は、日本は戦後40余年にわたる経済復興により世界の一等国になったのだから、これ以上アメリカに「YES」ばかり言うのはやめようということを書いたものである。バブル崩壊で日本が経済難局の時期を迎える前だったから、日本のお金で何でもできる時代であった。日本人はハワイの土地を買い込んだし、マンハッタンのティファニービルまでも手に入れた。だからこれ以上アメリカに対して自尊心を曲げて言いなりになっている必要はないというのであった。この本には、経済大国としてそれに相応する行動をしたいという、日本人の自尊心が圧縮された形でうまく表現されていた。だが、そのような日本人の声は、今はもう聞こえない。バブル経済で代弁される日本の経済は、この10年間底知らずに墜落し続け、自信満々であった日本人も見違えるほど変わったのである。もはやアメリカにNOと言える覇気はどこにも見つからない。

　2001年も終わりという今日、大韓民国の人々もアメリカにNOと言いたい。日本人が10年前に感じたものより、もっと切実な気持でNOと言いたい。韓国も日本のように経済力において飛躍的な発展をしたから、その力でアメリカにNOと言おうとしているのではない。日本のような経済力に基づいたNOは、その力が弱くなればすぐYESに変わるのが世の中の道理である。私たちにそのようなNOは要らない。弱小国がその存在を否定せずに同時にNOと言える勇気がなくてはならない。

　最近のマスコミの報道によると、在韓米軍当局が龍山(ヨンサン)基地の中に住居用のマン

---

[1] 日本も同じであるが、韓国には50年間米軍が駐屯している。そのために生じる民族的な屈辱はしばしば耐えられないほどのものである。平等な韓米関係を期待し、アメリカに対しNOと言うべきときにNOと言える時代を早く開かなければならないというのが、筆者の願いである。本稿は2001年の末に、在韓米軍の問題やアフガン戦争などで、韓国内でアメリカに対する感情が悪化していた時期に、民弁機関誌「民主社会のための弁論」43号に掲載されたものである。

ションを建てるそうである。その土地はすでに、韓米間で返還が約束されている土地である。それに、その周辺は自然緑地地域なので、韓国の法律上、自由にマンションを建てたりすることのできない地域である。にもかかわらず米軍側は、韓国側となんらの協議もなしにマンション建設を推進するというのだから、それは結局、大韓民国の主権をことごとく無視するのと変わりない。そのうえ、そこに建てるマンションは、韓国の一般のマンションの3倍近い建築費をかけるという話だ。これでは、韓国人がそれを、龍山基地を永久に引き渡す気はないという米軍側の無言の意思表示として受け取っても無理はない。米軍は現在、米軍基地を、まるで完全な治外法権のように考え、韓国政府からのいかなる干渉も排除する、といった態度をとっている。韓国人がそれを見てもNOと言えないとすれば、それは主権国家であることを放棄するのと同じであろう2)。

　アメリカに言おう。この国は大韓民国なのだと。この国に外国の軍隊が来た理由は、まずはこの国の安全に寄与するためであるから、アメリカの利益を優先することはできないのだと。外国の軍隊が駐留するとき、その駐留が主権国の了解の下にされているのであれば、駐留国内での活動は駐留国との緊密な協調の下に行われるべきであって、外国軍の恣意的な判断に任すことはできないのだと。これまで私たちは、米軍の傍若無人な態度は、ただただ私たちの結んだ韓米駐留軍地位協定（SOFA）に原因があるとばかり思っていた。だから不平等な地位協定を改正することを望んできた。だが本当は、不平等な協定自体よりも、アメリカ政府の対韓国観により根本的な問題があったのだ。先日、この不平等な協定を改正するための韓米両国の交渉において、今回のような問題を予想して基地内における建築は韓国政府と協議することとする規定をようやくのことで入れた。だがアメリカは、この改正された協定のインクがまだ乾きもしないうちから、明らかに韓国の法律に違反する違法建築物を建てると言っているのだ。このような現実に対し、私たちは何と言ったらいいのか。断固としてNOと言うべきだと私は考える。

　私たちがアメリカにNOと言うべき分野は、ただ龍山基地に関連した問題だけではない。おびただしい米軍基地の環境汚染についても、米国側はまだ誠意のある態度をとっていない。にもかかわらず韓国政府の態度はあまりにも寛容である。ど

---

2) 最近（2004年）、韓・米両国は、龍山基地をソウルから50km離れた平澤（ピョンテク）に移転することに合意した。

うかNOと言ってほしい。どうかこれ以上はだめだと言ってほしい。私たちがNOと言わないから、アメリカはしきりに無理な要求をしてくるのである。

　アメリカは、アフガニスタンで戦争を始めると、韓国にも派兵要求をしてきた。そしてそれに対し韓国政府は、ろくに考えもせず派兵を決定してしまった。これも再び考え直さなければならない。真の世界平和のためには、果たして米国のあとをついてアフガニスタンに軍隊を派兵すべきだったのか、それとも戦いをやめさせるほうに私たちの力を使うべきだったのか。多くの国民が考えている。これもNOと言うべきだったと。

　私たちは弱小国である。それで強大国にNOと言いにくい。それはわかっている。だが、いつまでNOという言葉を口に出さないで生きていけるであろうか。弱者だからと言って、強者に対していつもYESとばかり言っていたら、その安全が保障されるのであろうか。そうではないと思う。時には強くNOと言うことも必要だ。もし政府がNOという強い意思表示ができないというなら、国民のNOを望む感情を活かそうとする姿勢だけでもとるべきである。外交交渉の過程で、韓国国民のNOという思いを適切に交渉のカードとして使うことである。今この時期に米国との関係は、とにかく円満な協調関係でさえあればいいというものではないようである。NOと言える韓国人の自覚ある姿勢こそが、韓米両国に真の善隣関係を作り上げることができるのだということを肝に銘じておきたい。

国際人権法受講生に送る喝采[1]

　長い時間ためらった。話をするべきかどうかについて。このような話をしようとすれば、私自身何かコンプレックスの被害者のように、人に皮肉を言われるかもしれないし、かといって話さなければいつまでも後悔するだろう。思い悩んだあげく、勇気を出して話すことにした。

　私は昨年、司法研修院で国際人権法を講義した。30時間の講義だったが、私はそれにすべての情熱を注いだ。後輩たちに、国際人権法という新しい分野の知識以上のものを伝えたかった。私は1999年の自由権規約報告審査へのカウンター・レポートを書いたときにも、とくに司法研修院での国際人権法講義設置を取り上げたのである。さらに、研修院長に会い、講義の必要性を直接力説したこともあった。このような一連のことからも私の国際人権法講義に対する意欲は、十分わかっていただけることと思う。

　講義には21名の研修生が参加してくれた。選択科目になっているうえに、研修院の最近の雰囲気からすれば、それくらいの人数も少ない数ではない。私は彼らに対し、大きな誇りを感じている。全員が大切な私の後輩である。他の人たちが皆、民事、刑事判例の勉強に夢中になって取り組んでいるとき、彼らは私の要求する1,000頁あまりの資料（それも相当な量が英文である）を読み、積極的に討論に参加してくれた。数回にわたる懇談会にも熱心に参加し、私の個人事務所にも何人か訪ねてきて授業時間にできなかった話をした。今は彼らのうち2名が、私の事務所に来て弁護士実務実習をしながら、私が頼んだ国際人権に関連するリサーチに大

---

[1] 筆者は2001年、韓国司法研修院で国際人権法を講義した。この講義は司法研修院史上初めての本格的な国際人権法講義であった。選択科目であったため受講生は21名しかいなかったが、筆者はこの講義を通じて「どこか違う法律家」像を描いてみた。社会を発展させる法律家は、決して一流大学やいい家柄から出るとは限らない。どこか違う法律家になってみたいと夢見る人だけが、この社会の真の主人公になるのだと私は信じる。本稿は民弁機関誌「民主社会のための弁論」38号（2001年）に掲載されたものである。

半の時間を費やしている。多くの門下生（？）がその索漠たる研修院の雰囲気のなかでも、英語や日本語、スペイン語の勉強に時間を費やしながら、あすの国際的法律家として成長するために頑張っている。なんと誇らしい仲間たちだろう。

　しかし、彼らの履歴を見て、私はたいそう驚いたのである。偶然、彼らの履歴について知ったのだが、私としてはたいへん興味あるものであった。受講生21名を大学別に分類すると、Ｙ大7名、Ｓ大5名、Ｋ大4名、Ｈ大3名、Ｅ大1名、Ｏ大1名、地方のＣ大1名であった。おもしろいことに、Ｓ大の場合5名のうち法学部出身は1名しかおらず、あとの4名は他学部の出身だという。31期研修生700名のうち依然として最大の占有率を誇るＳ大法学部出身者たちは、みんなどこへ行ってしまったのだろうか。彼らにとって人権法、私があんなに熱意を持って講義した国際人権法という科目は、いったいどのような意味の科目であったろうか。ただ、お金にならない、非実用的な科目として評価されたのではなかろうか。そう、これは偶然に過ぎないかもしれない。しかし、これが今日の我が法曹界で流行っているビジネス万能主義の一つの徴表であるとしたら、私には憂鬱極まることである。

　私は学歴や縁故を利用して世の中を生きていく人を警戒する。そのような考えが、韓国の政治をだめにし、経済をだめにし、教育をだめにしたからである。私たちを異常な状況へ追い込んでいったのは、まさに、そのような非合理的な縁故主義であった。しかしながら、それが韓国の現実なのだから、どうしようもない。我が国の多くの若者がそのコネをつかもうとして、今も、貴重な時間のほとんどを入試地獄で費やしているではないか。しかし、韓国社会のために本当に自分を犠牲にし、よりよい社会を建設しようと昼夜を問わず頑張っている人たちは、そのような縁故や学歴とは関係のない人たちである。そのことは、私が勉強している国際人権法の分野で、私の受講生に見ることができると思う。法律家として自分の能力を広く啓発し、さらには韓国社会の陽の当らないところに関心を持っている彼らこそ、この国が本当に必要とする法律家ではなかろうか。

　韓国社会が本当に求めているこの時代の法律家は、頭だけが明晰な人ではない。世事に明るく、自分の出世に優れた才能を発揮する人ではなおさらない。どの大学の出身であろうと、どの地方の出身であろうと、そういうことは重要でない。ただ、彼・彼女は韓国社会の将来について常に案じ、自分自身を投げ出さなければならない。他の人がいいと言えば何の考えもなしについていくような主体性のない人であってはならない。誰一人見向きもしないこともし、それが人を変え、社会を

変えるのに必要なことならば、自分を犠牲にしてでもそれに向かって邁進する、そういうばか正直な人が必要な時期である。そういう雰囲気、そういう気風が我が民弁に滔々と流れることを祈念する。私の受講生全員がより一層努力してそのような気風の主人公となることを願う。そうして、この時代が本当に求めている人、この時代の真の法律家へと成長することを祈りたい。

国際法教育の効果的な方法を考える[1]

1. 韓国の国際法教育の現状

　韓国の識者たちに国際関係で法律、そのなかでも国際法の重要性について問うてみれば、その答えは非常に懐疑的であろう。国際関係とはたいてい力によって支配されるものであるが、そこで国際法がどんな力を発揮するのかという反問が出てくるほどである。事実、国際法の歴史を振り返ってみるとこのような考え方が出てくるのは、当然かもしれない。ヨーロッパでは、近代国民国家を形成する過程で自然に主権概念が発達し、そこで国家間がお互いに対等な法的関係に落ち着いたのであるが、そもそもこのアジアの社会はそういうものなのか。2000年以上中国という巨大な恐竜が周辺国の上に立ってきたので、そこに平等概念を中心とした主権概念が芽生えるわけがなかったのである。このような状況は過去100年間の歴史の中で本質的に変わることなく今日に至った。そのため、韓国より強い国に対しては適当に仕え、反面、韓国より力のない国に対しては自分たちが強大国から受けた蔑みをやり返すという考え方が私たち識者層、ひいては法律家たちの間にまでも根づいているのではなかろうか。このような意識が持続されるかぎり国際法はもう国際社会の真の規範ではなくなるのである。

　それにしても、韓国の国際法は国内の他の法律と比べてあまりにもひどい扱いを受けている。教育現場で国際法は、国内法と大きく隔たり異質化されていて、学生たちの関心を引くには力不足で、法学者たちでさえ国際法に対する考え方は極めて低レベルのようである。その数多い国際法の分野に対して、ほとんどの大学が4年のうちたった1学期間だけを必須として教えているありさまである。少数の学生

---

[1] 筆者は、韓国の国際法教育が非常に非現実的であるという考えを持って来た。国際法の特殊性を考慮するとしても国際法の現実的な応用力は相当低い状態である。この文はこのような現実を指摘し、より現実的な教育を通し国際法の実用性を強化すべきだという筆者の持論を整理したものである。

たちが国際法を司法試験の1次科目として選択し勉強をしたとしても、いくつかの問題を解くということが国際法の理解にどのくらい役立つのであろうか。

　国内法については法文や判例に詳しい法曹たちであるが、彼らの国際法に対する知識はおそらく世界の法曹たちのなかで一番低いレベルであると思われる。我々法曹にとって国際法とは、国際政治学的な知識以外の何ものでもない。外交官たちが考えるわが国際法は、さらに情けないものである。彼らは、韓国の国際法とは西欧の国際法をただ生半可に翻訳したものであると考え、国内の国際法学者たちの言うことやその著作に対してはさっぱり関心を持たないのである。彼らは、韓国の国際法は国際法の神髄とはかけ離れていると言う。そして、国際法学者たちのする多くの論議は極めて非現実的なものであり、急変する国際社会の流れを理解するのに何の役にも立たないとひどく批判したりもする。

2.　国際法の効用性および国際法を知るべき理由

　韓国社会で国際法がいくらひどい扱いをされているといえども、その効用性はいくら強調しても強調し過ぎることはないであろう。

　まず、韓国が弱小国家であるという自己認識から国際法の効用性を探さなければならない。韓国の経済規模が世界10位圏内外になったとはいえ、韓国が強大国になったとはいえないのである。我々はいまだ国際社会からサミュエル・ハンティントンの分類による儒教文化圏、すなわち中国文化圏の辺境ぐらいに扱われており、そのような扱いは今後とも相当の期間続くと見られる。すなわち、韓国はまだ弱小国家であるということである。弱小国家が自己の利益を守るということは相当大変なことである。我々が国際関係をただ力の関係だけで理解し、国際問題を解決しようとすると、韓国が弱小国家であるかぎり我々の利益は考慮される余地がないのである。弱小国家であればあるほど、国際規範に訴え、それを活用し、荒い高波を越えなければならない理由がここにある。いくら強大国といえどもルールは存在する。古今東西を通し強大国が弱小国をはじめから力で制することはないのである。少なくとも一定の枠の中で自分の利益を取るというのが強大国である。国際法とはまさしく国際関係の枠であり、国際秩序のメカニズムそのものである。したがって弱小国も、その枠とメカニズムをある程度利用することができたら相当な利益を得ることができるのである[2]。

次に、現代の世界を一言でいうとグローバル時代である。グローバル時代とは、人と商品そしてサービスが自由に国境を越える時代なのである。このような時代には過去国境の中に閉じ込められて暮らした時代とは違い、多くの国際的問題が生ずる。国際取引、国際通商、国際犯罪、国際人権など「国際」という修飾語のついた単語が続出するということは、まさに私たちがグローバル時代に暮らしているという証拠である。このような状況では、国際法の効用が過去とはまったく違ってくるのである。世界が1つになるとき、私たちがいつまでも大韓民国という狭い垣根の中で安住することができるのであろうか。世界の人たちが韓国に入ってきて、韓国の人たちが世界へ広がっていくのに、彼らの共通規範として国際法は重要でないはずはない。

3. 国際法教育のあり方

国際法をめぐる現状もわかった。そして我々が国際法を学び、それを生かしていかなければならない理由もわかった。では、国際法教育としては今からどうすべきなのか。ひとつひとつ考えを整理してみよう。

(1) 国際法と国内法の相互関係を理解させる

まず、国際法の二元論的な考え方を改めなければならない。従来、国際法と国内法の区別をめぐる一元論と二元論の争いがあった。発展した考え方によれば、もうこのような区別には大きな意味がない。しかし韓国では、いまだに二元論に即した法的思考と教育がなされていることは否定できない。国際法は国内法との相互関係が理解できなければ、それは半分の理論あるいは半分の規範に過ぎないのである。大部分の国際法の問題は国内問題とつながっている。法律問題が純粋に国際的なものであるように見えたとしても、その終局的な解決は国際司法制度が発達していない状況では、ほとんど国内法の体系に頼るしかないのである。したがって国際法もひとつの紛争解決の規範として存在するのなら、国内法との関連性をこれ以上見過ごしてはいけない。国際法と国内法を別々にした考え方は、もうこれ以上

---

2) 代表的な例がスイスである。この国は政治的・経済的にはヨーロッパの小国に過ぎないのであるが、国際法の枠をうまく利用して永世中立国として経済的な富と国際的な地位を得ている。

存立できないのである。

　国際法を学ぶためには、もっと国内法の問題に関心を持つべきである。たとえば、国際人権法を研究するのなら必ず国内人権関係法を国際人権法の見方で分析し、批判することが必要である。国内法を見過し国際人権法だけを語るとすれば、それは多くの人々に国際人権法の存在意義を疑わせることになるであろう。また、国際通商法を研究するのなら、その知識を生かし、国内の通商関連法規や国内の商事法令が分析できなければならない。国際法と国内法の関係はコインの裏表のような関係である。国際通商法の発展が国内通商法に、国内通商法の発展が国際通商法に影響を与えているというのが現実なのではないのか。

(2) 国際法の実践的機能を学ばせる

　国際法の紛争解決機能（実践的機能）を強調すべきである。従来の韓国の国際法教育では、国際法の本来の機能である国際関係での紛争解決の手段が強調されることなく、ただ概念を覚え理解することに目標を置いていた観がある。だから国際法の試験は、基本的に学生たちが国際法の概念を正しく理解しているかをテストするに過ぎなかった。国内法教育で常に問題点として指摘される問題解決能力養成の不足が国際法教育にもそのまま現れたのである。

　こうなると、国際法がいくら効用性の高い学問であるとしても、その真価を発揮することは難しい。学生たちに正確な概念を教えるのも重要なことであるが、必ずその概念以上のものを要求しなければならないのである。

　そのためには、学生は学習と試験において具体的な国際紛争の事例について、それをどのように認識するのか、またそれをどの国際法理論によって説明し対応策を作り上げるのかを常に考えていなければならない[3]。

---

3) これに関して筆者のアメリカでの経験は有益なものであろう。筆者がアメリカで国際法を受講したとき、試験問題にこのようなものが出た。「東欧圏が崩れる過程である国で深刻な人権侵害の状況が発生している。数千名の人々が拷問されまた行方不明となった。それでも司法機関はその機能を果たすことができない……」などの仮想の事実が列挙された。担当教授は受講生たちに「あなたは現在アメリカ国務長官の法律顧問だ。上の状況について法律顧問であるあなたは国務長官にどのような報告書を書くのか」と問うた。この問題は当時、筆者が学んでいた国際法と国際人権法を学生たちがどれだけ理解しているのかをテストするものであった。当時の受講生たちは自分たちがアメリカ国務長官の法律顧問であるように報告書の様式に合わせて答案を整理し、筆者は大きな衝撃を受けた。

(3) 国際社会で実践できる力を身につけさせる

　国際社会ですぐに実践できる教育が行われるべきである。国際法が主に使われるのは、国内ではなく国際社会である。したがって、国際法教育の基本的な方向は、韓国で学んだ国際法の知識が国際社会ですぐ使えるようにするということである。ここで指摘されるのが、学習の対象が翻訳された国際法であるという問題だ。わが国の国際法の用語は、ほとんどが日本を通して入ってきた翻訳用語である。その過程で国際法の重要用語の相当部分が間違って翻訳されているが、それでもそれを見過してそのまま使っている実状がある[4]。

　さらに問題となるのは、このような翻訳用語だけで国際法を勉強した人たちが国際社会に出て、国内で学んだ国際法の実力を発揮できないという限界があるということである。相当なレベルの国際法の知識があっても国際社会に出て活動しようとすると、再び英語やフランス語で書かれた国際法の本を読まなければならないのが現実である。これでは時間の無駄である。このような非効率を防ぐためには、国内で国際法を勉強するときにも、国際社会で広く使われる国際法用語を自由に使えるように、できるだけ原語で勉強するべきである[5]。講義の際にもできれば原語を使うことを奨励し、学生たちが自然に国際法の用語を体得できるようにすることが必要である。

(4) 国際的な教育機関で学ぶ機会の創設

　海外における教育機関での国際法教育の機会をもっと広げるべきである。事実、国際法を国内でのみ学ぶのは国際競争力を養うのに限界があるといえる。国際法を専門的に勉強する人たちは必ず国際法の本場に留学しなければならない。これ

---

[4] たとえば人権条約のなかにInternational Covenant on Civil and Political Rightsというものがある。この翻訳語を従来B規約としてきたが、これは日本で作られた用語であり、国際社会ではまったく使われていない用語である。

[5] 例を挙げて説明しよう。国連の人権機関のなかにCommission on Human Rightsという機関がある。この機関は、経済社会理事会の下の専門人権機関である。この機関は韓国で「UN人権委員会」として知られている。しかしこれを原語で覚えないとInternational Covenant on Civil and Political Rightsにより設置されたHuman Rights Committee（これは韓国では「UN人権理事会」と翻訳される）と混同しやすい。韓国語に翻訳すればとても似ているが、原語では確実に違いがわかる。専門家たちの間でこのような用語を混同して使うとその専門性を疑われるようになる。はじめから原語で覚え勉強していたら混同はないであろう。

は選択ではなく必須である。ところが、現実にはこれがなかなか難しいのである。現在、外国に留学してきちんと国際法を勉強して来た人たちは講壇の何人かの学者たちと政府の外交部署で働く何人かの外交官たちに過ぎない（少なくとも国際公法に関してはそうである）。これでは国際法をまともに理解し、それを活用して対外政策での有効な手段とするのには力不足である。

このような問題意識の下で、筆者はわが国の法律家たちが国際的な教育機関で国際法を学べるようになんらかの特別な対策を立てなければならないと考えている。少なくとも1年に何人かを選抜し、外国へ留学させる努力が必要であると思われる。このために「国際法留学基金」のような奨学制度を作って運営するのはどうかと考える。このような投資をしないかぎり、次に述べるような韓国の法律家たちの国際機関への進出もなかなか現実化されにくいであろう。

4. 韓国の法律家の国際機関への進出

国際社会で発言権を行使する方法のひとつが、主な国際機関を掌握することである。国際機関が国際政治的な流れと強大国との力関係によって左右されることも事実であるが、その隙間はいくらでもある。すなわち、弱小国家であろうと国際機関のメカニズムをうまく活用すれば、相当な国家的利益を得ることができるということである。

では、国際機関を掌握するということは現実に何を意味するのであろうか。筆者の経験と常識によると、国際機関の法律部門を掌握することである。もちろん特定国が国際機関のルールを勝手に変えることはできない。しかし少なくとも、わが国の法律家たちが国際機関で重要な法律専門家として活動すれば、わが国の立場は相当変わると考えられる。そのような理由で多くの国々は、自国の専門家たちをUNや各種の専門機関へ進出させることに関心を持っているのである。

しかし、韓国の状況は思ったよりもずっと深刻である。国連の各種機関や傘下専門機関の職員の選抜では、加盟国の財政的負担の程度が考慮される。そのような面から見れば、わが国の分担金の規模も今では相当な待遇を受けるにふさわしい状況になってきたと思う。しかしながら、国際機関に進出した韓国人の数は他の国と比べて相対的に少なく、法律専門家として進出した例はさらに少ないのが現実である[6]。このような状況での我々の課題は、なんとしても国際機関に韓国の法律家

たちを進出させることである。これは厳しい国際社会の現実において我々の生存のためにも切実に要望される問題である。

では、どのようにして国際機関に韓国の法律家たちを進出させるのか。それは国際法の教育と密接な関連がある。外国で国際法をまともに勉強しないかぎり、事実上、国際機関で法律家として活動することはほとんど考えられない。だからこのような人材を輩出するためには、筆者が前に言及した「国際法留学基金」のような方法で若い人材を外国で勉強させ、国際機関への進出を図るべきである。

5. 政府の対外政策における国際法専門家の関与

アメリカの連邦政府では、各部署ごとに例外なく数百から数千に至る法律家たちが行政の各段階を法律的にチェックする。対外政策を管掌する国務省では、国内法の専門家とともに数百人の国際法の専門家たちが控えている。彼らは国際社会で起こることのなかでアメリカと関連のある問題に対して即刻に国際法による検討に入り、報告書を国務長官や大統領に提出する。彼らの報告書はすぐ国務長官と大統領の対外政策として発表される。これがアメリカの対外政策のメカニズムである。

これに比べ、韓国の現実はどうであろうか。国内法の専門家も政府の部署にまともにいない状況でアメリカの事情を話すのは、あまりにも先んじていることであろう。しかし、わが国の外交官たちにこのような現実を聞いてみれば、現状を肯定する人は一人もいない。彼らも、わが国にまともな国際法の専門家たちがいて、対外問題が発生するたびに適切な国際法的諮問を受け、それにより対外政策が決まることを願っているのである。時間がかかっても、対外政策をただ強大国との関係によって決めるのではなく、国際法による検討を通して決めるべきだということについては異論がない。このためには、せめて外交に関する部署には国際法の専門家たちを集めて、政府の対外政策の決定過程に深く関与できるように、1日も早く制度を改めるべきである。

---

6) たぶん韓国で法曹の資格を持っている人のなかで国際機関へ法律専門家(legal advisor)として進出した例は、最近旧ユーゴスラビア国際刑事法廷(ICTY)の裁判官として選ばれた權五坤(グォン・オゴン)判事以外にはないのではないか。

6. おわりに

　筆者は、国際法が我々の対外政策において効果的な手段になるためのいくつかの方法を提示した。国際法の教育が画期的に変わり、国際法をまともに学んだ人たちが行政各部に配置され、外交政策の中心に立つべきだということを強調した。しかし、このようなことが実現されるためにはなによりも我々の姿勢を整えることが重要である。井の中の蛙のような閉鎖的な姿勢でなく、より開放的な姿勢、グローバル時代に合う規範的な意識などが要求される。

　今この時にも、世界のいたる所ではグローバル・スタンダードを学ぶために図書館の灯が消えないということを知らなければならない。国内法と国際法の間隙がますます狭まり、国際法を通して国内法を見るようになり、また国内法を基礎に置かない国際法は存立しにくくなっている。わが国の法律家たちがこのような世界の流れを読み取り、国際法に対してより積極的な姿勢を備えていってほしいと願うばかりである。

朴 燦運（パク・チャンウン）

1962年	大韓民国にて生まれる
1984年	韓国司法試験合格
1985年	漢陽（ハニャン）大学法学部卒業
1998年	アメリカ・ノートルダム（Notre Dame）大学ロースクール国際人権法修士号取得
	ハーグ・旧ユーゴスラビア国際刑事法廷に研究員として勤務
2003年	高麗（コリョ）大学博士課程（国際法）修了

1990年以来、弁護士として活動。主に弁護士会と「民主社会のための弁護士会（民弁）」で国際交流および国際連帯事業を担当し（ソウル地方弁護士会前渉外理事、民弁前国際連帯委員会委員長）、現在は大韓弁護士協会の人権委員会副委員長、民弁難民法律支援委員会委員長を務めている。

主要著作：『国際人権原則と韓国の行刑』（歴史批評社〔韓国〕、1993年）、『国際人権法』（図書出版ハンウル〔韓国〕、1999年）、『韓国の監獄の現実』（サラムセンガク〔韓国〕、1999年）、「国際刑事裁判所の設置をめぐる基礎的問題」季刊刑事弁護20号（2000年）、「弁護士が見た韓国における捜査の可視化——最近の状況と論議の内容」季刊刑事弁護39号（2004年）等

国際人権法と韓国の未来

2004年9月30日　第1版第1刷発行

著　者……朴　燦運（パク　チャンウン）
発行人……成澤壽信
発行所……株式会社 現代人文社
　　　　　〒160-0016 東京都新宿区信濃町20 佐藤ビル201
　　　　　電話：03-5379-0307（代表）FAX：03-5379-5388
　　　　　Eメール：daihyo@genjin.jp（代表）hanbai@genjin.jp（販売）
　　　　　Web：www.genjin.jp
　　　　　振替：00130-3-52366
発売所……株式会社 大学図書
印刷所……株式会社 シナノ
装　丁……加藤英一郎

検印省略　Printed in JAPAN
ISBN4-87798-223-X　C3032
©2004 PARK CHAN-UN

本書の一部あるいは全部を無断で複写・転載・転訳載などをすること、または磁気媒体等に入力することは、法律で認められた場合を除き、著作者および出版者の権利の侵害となりますので、これらの行為をする場合には、あらかじめ小社または著作者宛に承諾を求めてください。